家事こそ、最強のビジネストレーニングである

堀 宏史
Hiroshi Hori

フォレスト出版

はじめに——なぜ仕事ができる人ほど、家事をやるのか？

最近在宅することが多くなり、「家事」に向き合うことになったビジネスパーソンの皆さん。

家事がストレスを生む、そんな悪循環になっていませんか？

ハッと気がつくと、家の中が散らかりっぱなしになり、慣れない自炊で食事のバランスが乱れ、どんどん溜まっていく洗濯物を前に、自分になりに頑張ってやってみるんだけれども、なかなかうまくいかずイライラしてしまう——。

こんなことになっていませんか？

炊事・皿洗い・掃除・洗濯・ゴミ出し・買い物と、1年365日家事に終わりはありません。

最初はモチベーション高くトライしてみるものの、毎日続く終わりのない作業に心が折れ、いつしか家事がストレスになっていく。かといって、家事をやらないと何も片付かず、ますますストレスは溜まる一方です。

家事でストレスを減らす!?

「仕事はなんとかこなしているけど、家事は苦手だ」

「俺がこんなに頑張っているのに、どうしてパートナーは評価してくれないんだ」

「もうツライ……」

そう嘆いても現実は変わりません。

今は、家族の誰かが家事を担当すればいいのではなく、家族全員が家事に向き合う必要のある「全員家事」の時代です。誰も家事から逃げることはできません。

ですので、**「家事がストレスになる」**のではなく、**「家事がストレスを減らす」という**

大胆な発想の転換が必要なのです。

そこでおすすめするのが、家事をビジネスとして考える**「ビジ家事」メソッド**です。

「ビジ家事」メソッド――。

ほとんどの人が聞いたことのないフレーズだと思いますが、これこそ私が長年のビジネス＆家事人生で発見した「仕事をやるように家事をこなすことで、驚くほどに家事がうまくいく」メソッドなのです。

それは同時に、**ビジネスに必要なスキルを向上させるトレーニング**にもなります。

家事こそ、最強のビジネストレーニングである

そもそもどうして私たちは家事をしなくてはいけないのでしょうか？

「家事は誰かがやらなくてはいけないから」

「目の前の洗い物や洗濯物をどうにかしなくちゃいけないから」

といったように、「家事はやらなくてはいけないものだから」と考える人が多いでしょう。

しかし、本来の家事の目的は、「生活を楽にして、ストレスを減らす」ことです。あくまでも家事は「手段」であって、洗濯や掃除・食事の準備などの作業は、本来の自分らしい気持ちの良い生活を実現するために行なうことです。

家事がストレスになるのではなく、逆にストレスを減らしマインドフルネスを実現する――。これが、「ビジ家事」メソッドの基本的なコンセプトです。

そして、家事がビジネストレーニングになるという点も忘れてはいけません。

例えば、**家事によってこんな能力が身につき、あなたのビジネスセンスが鍛えられます**。

◎**「ビジョニング力」**……理想の部屋をイメージして計画を実現させる。
◎**「段取り力」**……家事は段取りが90%、この段取り力が仕事に活きる。
◎**「分析力」**……家事のボトルネックを分析し、スムーズな進行を目指す。

◎**「調整力」**……お互いの落としどころをどう探れるか、家事には調整力が問われる。
◎**「スケジューリング力」**……早め早めのスケジューリングで仕事を回す。
◎**「同時並行力」**……時短クッキングは、パラレル作業で効率を上げる。
◎**「効率向上力」**……ルーティン化や機械化で、効率化を目指す。
◎**「コストコントロール力」**……出費のメリハリで、戦略的なコスト削減を実現。
◎**「チーム運営力」**……役割分担でチーム運営の極意を知る。
◎**「アウトソーシング力」**……適切なアウトソーシングでコアな業務に集中する。
◎**「プロジェクト力」**……共通の目的を設定し、まわりを巻き込む
◎**「コミット力」**……手を抜きながらも最後までコミットし、信頼を勝ち取る

ここで挙げたのは、家事をしながらトレーニングできるほんの一部です。脳を休ませるだけでなく、こんなスキルが磨けるのです。

なぜ世界のビジネスエリートたちは、自ら家事をやりたがるのか？——家事は脳のアクティブレスト

最も成功したビジネスマンの一人でもあるビル・ゲイツが、毎日皿洗いをしているといわれていることはご存じですか？

もちろん、ビル・ゲイツが誰かに皿洗いをやってもらうことは、そんなに難しいことではないはずです。それなのになぜ、今でも自らすすんで自分や家族の食器を洗っているのでしょうか？

それは、皿を洗うことによって、日頃の「仕事脳」から離れて、脳をリフレッシュさせているからです。

皿を洗っているときは、何も考えずにお皿やグラスをただひたすらに洗って並べていく。この行為が脳のリラックスにつながるのです。

さまざまなプレッシャーの中で重要な意思判断をしなくてはいけないビジネスエリートだからこそ、皿洗いという**「何も考えない時間」**が大事なのです。

さらに、日頃の仕事のタスクやさまざまな悩みごとから解放されることによって、**新しい「思いつき」「ひらめき」が得られる効果**もあるといわれています。

積極的にカラダを動かして疲労回復を高めることを「アクティブレスト」と言いますが、家事はまさに、脳のアクティブレストなのです。

何も考えずに皿洗いに没頭することによってストレスレベルが低くなり、新しいアイデアを思いつく可能性を広げていると考えると、いかにも合理的な行動のように感じます。

世界のビジネスエリートたちが家事を率先してやる理由はここにあります。

「家事ハイ」という魔法の感覚を味わおう

実際、私も家事の中では皿洗いは好きなほうなのですが、まわりの人に「自分は皿洗いが好きなんですよね」と言うと、大半は「え、皿洗いって、めんどくさくない？」

「自分はあんまり好きじゃないなあ」というネガティブな反応が返ってきます。

確かに、皿洗いを始める前はめんどくさいですし、本音ではできればやりたくない。しかし、いったん皿洗いを始めて作業に没頭してしまうと、いつしか余計なことを考えずに、自分が機械的に動くようになるから不思議です。

マラソンなどで長時間走り続けると、気分が高揚する「ランナーズハイ」という状態になりますが、同じように、作業に集中して気持ちのいい状態、いわば**「家事ハイ」**の状態に入ることができるのです。

この「家事ハイ」の状態こそ、あなたを仕事のモードから一気にリラックスモードに変えてくれる瞬間です。

温かい水の感触や洗剤の香りなどもさらなるリラックス状態に誘ってくれます。そして、はっと気がついたときには、目の前にキレイになったお皿とグラスが並べられていて、自分の中に何かを成し遂げた達成感が満ちあふれてきます。

家事で脳をリラックスさせ、自らのビジネススキルを磨く

仕事で疲れたあとに、食事の用意や片付け・部屋の掃除などしたくない、横になっていたいと思うのは自然なことです。

しかし、仕事で疲れているからこそ、家事でカラダを動かし、脳を休めてみてほしい。それが、本書の提案です。

繰り返しますが、「ビジ家事」の効果は、脳を休ませるだけではありません。ひらめきや新たなアイデアが思い浮かんだり、家事をやりながら、ビジネスで求められるスキルの向上につながります。そのコツを本書で詳しく解説していきます。

動き出すまでは「めんどくさい」と思い、時間がかかってしまいますが、一度動き出してしまえば、あとは作業をこなすだけ。作業が終わったときには、達成感とともに、思ってもみなかったようなリラックスした気持ちになれるでしょう。

申し遅れましたが、私は広告の仕事を通じて世界中のビジネスエリートたちと仕事やプライベートでお付き合いさせていただいてきました。

その中で、彼らに共通するのは、

「家事は、『やらされる』ものではなく、積極的にやることで、自らの仕事力を磨いている」

ということです。

ぜひあなたにも、このとてつもないメリットを享受してほしいのです。お金や地位など関係ありません。誰でもできることです。

本書があなたの今後の人生をより良いものになるきっかけになれば、著者としてこれほどうれしいことはありません。

第2部 家事がやりたくなる「ビジ家事」理論

装幀◎河南祐介（FANTAGRAPH）
本文デザイン・図版作成◎二神さやか
編集協力◎潮凪洋介（ハートランド）
ＤＴＰ◎株式会社キャップス

序章

「ビジ家事」がもたらす11のメリット

ビジ家事野郎の誕生!

かつての私は仕事中心の生活で、家事からは距離をおいた毎日を過ごしていました。掃除や洗濯、ゴミ出しを「イヤイヤ手伝う」ことで過ごしていましたが、できれば面倒なことは何もしたくないというのが正直な気持ちでした。いざ家事をやったとしてもその場しのぎで作業をしているのでアラが目立ち、何をやってもほめられるどころか逆に迷惑がられていました。

仕事や友達の付き合いで忙しくしていた中で、家事に割く時間もとれず、いつもストレスが増えるばかりで、さすがこれはまずいと思い、どうすればこのストレスから抜け出せるのか、問題点を考えてみたのです。

そこで気がついたのは、「ゴールイメージがなかった」「スケジューリングや段取りができていなかった」「リソース配分が良くなかった」「作業効率が悪かった」といった点です。

これらのポイントをよく見てみると、まさにこれはビジネスの現場で起きていること同じ、つまり「家事＝ビジネスだ！」と気がついた瞬間でした。

そこが理解できれば、あとは仕事でやっている方法を家事に当てはめるだけです。「ビジョニング」や「分析」「スケジューリング」「段取り」「マルチタスク」「調整」など、これまでのビジネスの経験を使ってみると、驚くほどスムーズに家事をこなせることがわかりました。

これこそが、**「家事をビジネスとしてとらえる」**ビジ家事のコンセプトです。

それでは、このビジ家事はあなたにどんな効果をもたらすのでしょうか？

私の経験を基に、「ビジ家事」理論として体系化した中で見いだした家事の効果をひとつずつ挙げてみます。

①単純作業がリラックス効果をもたらす

仕事やプライベート、日々の悩みは尽きません。いろんなことを忘れてただひたすら皿洗いや洗濯物たたみなど、単純作業に没頭することで、無心の境地、「禅」のようなリラックスが得られます。

②頭の中がスッキリする

あれもやらなければ、これもやらなければと、to doリストがいつも頭の中にあって心が乱れているあなた。

もしかして、部屋も乱れていませんか？

部屋がスッキリすると頭も心もスッキリします。

③自分の「モード」が切り替わる

家で何かをやらなくてはいけないのに、ついダラダラとスマホを見てしまう……。

そんなときこそ、家事を始めてみてください。

「ダラッとモード」から「シャキッとモード」に変わり、一日の作業効率が向上します。

④小さな成功体験がドーパミンを活性化する

達成感の得られない仕事を毎日続けていくことは、精神的にも肉体的にもハードなことです。

そんなとき、ちょっとした家事をこなすことで「小さな達成感」が得られます。この達成感によって脳内に「ドーパミン」が分泌され、幸せを感じられるのです。

⑤10分の1の労力で10倍できる「脳」に変わる

仕事で難しい問題に直面したとき、途方にくれていませんか？

いかに効率良く家事をこなせるかを考え、具体的な行動に移すことを繰り返すことで、「仕事の難問」を解くカギを簡単に見つけることができるようになります。

⑥パートナーとの関係が良くなる

これまでそれぞれの家事の分担や、家事をやった、やらないでケンカをしていたパートナーとの関係が、ビジ家事を取り入れることによって、お互いに感謝し助け合う関係に変化していきます。

⑦理想的なワークライフバランスが実現する

これまで仕事中心の生活を送り、プライベートでも友達付き合いを優先していませんか？

そんなワーカホリックな人生を見直すことで、目指すべき理想的なワークライフバランスに近づくことができます。

⑧毎日のストレスが劇的に減っていく

やるべきこと・やらなくてはいけないことに囲まれて、毎日何かに追いかけられているような感覚を持っていませんか？

ビジ家事を取り入れることで、積極的に生活を楽しめるようになり、日々のストレスが劇的に減っていきます。

⑨マインドフルネスをもたらす

スマホやパソコンで、つねにインターネットに接続している昨今、どこか自分が自分でないような感覚はありませんか？

マインドフルネスは「今ここに自分がいる」という感覚です。家事で手を動かすことで、今自分が生きているという実感が得られます。

⑩理想の未来を実現できる

毎日ぼんやりと生活しているだけでなく、明確な人生の将来像をイメージできていますか？

ビジ家事を実践することで、ゴールイメージをはっきりと自分の中で持つことができるようになり、理想の未来を実現できるようになります。

⑪ビジネススキルのトレーニングになる

本書タイトルのとおり「家事こそ、最強のビジネストレーニング」になります。第1部で詳しくお伝えしますが、家事で行なう工夫やスキルは、そのままビジネスのスキル向上につながります。「はじめに」でも触れたとおり、グローバルエリートたちは、共通して家事を積極的にこなしています。

ぜひあなたも騙《だま》されたと思ってやってみてください。きっとあなたも家事を積極的に行なっていくうちに、仕事もプライベートも変わり、人生が変わるはずです。

第1部

家事であなたの「仕事力」が向上する

ビジネストレーニング①

ビジョニング力

理想の部屋と感覚をイメージして
実現させよう

「部屋が片付かない」が一気に解消する簡単な方法

部屋が片付いていない状態を見て、心の中ではイヤだなあと感じながらも、なぜ部屋がなかなか片付かないのでしょうか。

それは、あなたが「理想の未来」をイメージできていないからです。

「こういった部屋にしたい」

「自分の家がこうだったらいいな」

という**理想の未来をはっきりと自分の中でイメージする**ことが、理想の状態に片付いた部屋に近づく第一歩なのです。

物がまったくない部屋が好きな人や、ある程度いろんなものが見えていたほうがいい人など、人によって部屋の好みはさまざまですが、片付けられていない部屋が最高に気持ちいいという人は少数派でしょう。

散らかった部屋をそのままにして過ごすことは、脳のエネルギーを過剰に消費しています。

チラシの文言や郵便物、サプリメントのパッケージなどが目に映ることで、あなたの脳は、その情報を処理しようとします。

しかし、頭のメモリにも上限があるので、雑多な情報に触れ続けていると、脳のメモリが不足し、思考が鈍ってきます。その結果、ちょっとしたことにイライラしたり、考えがうまくまとまらなかったりするのです。

さらに、「いつか片付けないといけない」という考えがいつまでも頭の中に残ることで、気がつかないうちにストレスを溜め込んでいたりします。

そういうときは、「スッキリと片付いた部屋の未来」を具体的にイメージしてみましょう。

まずは、しっかりと理想の未来を自分の中に持つことから始めてみてください。

理想の部屋を「ビジョニング」する

まずは、理想の部屋をあなたの頭の中に「ビジョニング」してみましょう。

ビジョニングとは、具体的な「イメージ」と、そこで得られる「感覚」を自分の中でしっかりと持つことです。

単に「部屋が片付いている」というだけでなく、例えば、そこに明るい朝日が差し込んで、ゆったりとしたジャズが流れる中で、お気に入りのアイスティーを飲んで気持ちがいい朝を過ごしている。そんな「気持ちがいい」感覚もイメージしてみましょう。

このビジョンがあると、理想の姿に近づくモチベーションが生まれます。

理想の部屋がどんなものか考えたことがない人も、一度ゆっくり考える価値はあります。

あなたの理想の部屋を具体的にイメージして、現実の部屋とのギャップを感じてみましょう。

このギャップが見えてくれば、あとはそのギャップを埋めるやり方を考えて実行していけばいいのです。

ビジョンを「プラニング」する

理想の部屋がビジョニングできたら、あせってすぐに掃除や片付けを始めずに、まずはそのビジョンを実現するためのプラニングをするところから始めてみましょう。

しっかりとプラニングをすることで、作業をスムーズにストレスなく進行することができ、最終的なアウトプットも一段レベルの高いものが得られます。

頭の中で**「どういう順番でやろうかな」「こういう準備が必要だな」**とシミュレーションできれば、もう部屋の片付けはできたようなものです。

あとは、自分のプラニングにしたがって作業を進めていきましょう。

自分のビジョンがはっきりしていればいるほど、作業も楽しいものになっていくはずです。

こうしてビジョニングで鍛えられたあなたのプラニング力は、あなたの仕事においてもプラスの効果があるはずです。

仕事のゴールと、そこで得られる自分の感覚をイメージして、そのビジョンをまわりの人と共有することで仕事をドライブしていけるようになれば、あなたの仕事も一段上のレベルに上がります。

ビジョニングで、あなたの部屋も仕事の質も変えていきましょう。

ビジネストレーニング②

分析力

作業のボトルネックを分析し、スムーズな家事を目指そう

あなたの家事の「ボトルネック」はどこにあるのか？

料理や洗濯、皿洗いに掃除など、やらなくてはいけない家事がたくさんあって、バタバタしてしまう。

そんなときは、どこかに作業の「ボトルネック」があるはずです。

ボトルネックとは、もともとワインボトルの首の細い部分を指す言葉でしたが、現在では、全体の作業工程の中の一部の能力や容量などが低いため、全体の能力や速度を低くしてしまう問題部分のことです。

このボトルネックこそが、家事全体の効率を下げてしまう要因です。

一日の家事を「見える化」する

このボトルネックを見つけるためには、

「どこで作業が滞っているのか」

「どの作業がはかどっているのか」

「多くの問題はどこで発生するか」

という点に注意してみましょう。

そのためには、まず**一日の家事をノートに書き出して「見える化」してみる**のがおすすめです。

あまり細かいことは気にせずに、朝起きたら部屋をちょっと片付けて、朝食の準備をする。ご飯を食べたら食器を片付け、ゴミをまとめて出す、といったように、ざっくりと一日の家事の流れを書き出してみてください。

次に、それぞれの家事について**「負担度」「重要度」をABCでつけてみます**。この

家事リストの見える化で、ボトルネックを見つけよう！

	家事リスト	負担度	重要度
朝	部屋をちょっと片付け	A	C
	朝食の準備	B	A
	朝食の食器片付け	A	B
	ゴミをまとめてゴミを出す	C	A
昼	洗濯機を回す	C	A
	洗濯物を干す	A	A
	洗濯物をたたむ	B	B
	掃除機をかける	B	A
	買い物	B	B
晩	献立を決める	A	B
	夕食の準備	A	A
	夕食の食器片付け	B	A

ボトルネックはココ！

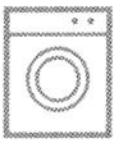

ボトルネック（負担度：高い／重要度：低い）を見つけたら、それに対するルールや対策を考えてみよう。

ボトルネック例 **部屋をちょっと片付け**

➡ **週末にまとめてやる／前日の夜にやる／ルールをつくる／やらない**

リストを見返して、**「負担度は高いのに、重要度が低い家事」**があったかどうか、チェックします。

もしあれば、それがあなたのボトルネックとなっている家事です。

例えば、毎日のちょっとした掃除などが、それに当たります。

「これ、毎日やっているけど、本当に必要？」「けっこう時間がとられる割には成果が見えづらい」といったように、自分の作業の負担感とその作業から得られる満足感のバランスが取れていないことが家事のストレスにつながっているのです。

では、この家事のボトルネックはどうすればいいのでしょうか？

ボトルネックは、見直しのチャンス

このボトルネックとなる家事をなくしてしまうのではなく、むしろ積極的に活用してみましょう。

「どうすれば時間が短くなるのか」

「どうすれば効率が上がるのか」

「どうすれば楽になるのか」

という視点で、その作業を見直してみるのです。

その家事をさらに細かく分解してみてください。

ちょっとした掃除や片付けであれば、「床に落ちているものを片付ける」「机や棚の上を整理する」「ホコリを取る」といったように、作業を分解できます。そして、それぞれのタスクに対して、どういった対策が可能なのかを考えてみるのです。

そのときに大事なことは、「すべて自分で作業するのではなく、他の人や機械の力を借りながら、場合によってはやめることもある」といったように、いろんなリソースを活用しながら、フレキシブルに考えてください。

そうやって考えていくと、

◎「床に落ちているものを片付ける」　↓　そもそも床に物を置かない。置いた人が片付けるルールにする。

◎「机や棚の上を整理する」　↓　物が散らかるのは「置き場所」がないからなので、

リモコンやスマホの定位置をつくる。

◎「ホコリを取る」　↓　床のホコリなどは掃除ロボットに任せてしまう。

といったように、いろんな角度からの対策が考えられるでしょう。

家事の「解像度」を高める

「ボトルネックの徹底活用」というと、時間短縮やスピードアップばかり考えてしまいがちですが、**ボトルネックの原因となっているものを取り除いたり、他の人のサポートをもらったりする**ことも考えれば、視界が広がっていきます。

こうした新しいアプローチを可能にするためにも、

「前からこの作業のやり方でやっているから」

「これはやらなくてはいけない家事だから」

などと考えを固定化するのではなく、それぞれの家事の目的と手段をしっかりと分析して、家事の「解像度」を高めていくと、ストレスから解放されます。

ビジネストレーニング③

スケジューリング力

朝昼夜で最適な
スケジュールを組む

家事のスケジュールを、朝・昼・夜でざっくり洗い出す

掃除や洗濯、ご飯の用意とバタバタしつつ仕事と家事を両立しようと頑張ってみても、急な仕事が入ってきたり、SNSに時間をとられたりと、予定していたスケジュールはなかなか自分の思うようにはいかないものです。

「今日はこれができなかった……」「明日これをやらなきゃいけない」と寝る前に感じてしまうのは良くありません。

こんなときは、まず家事のスケジュールを洗い出してみましょう。

といっても、事細かく一日の家事のスケジュールを分析する必要はありません。

朝・昼・夜と一日をおおまかに3つに分けて、それぞれの時間帯でやっている家事を当てはめてみるのです。

朝は「仕事の準備」をファーストプライオリティに

朝は、とにかく時間との勝負です。朝ご飯を食べて片付ける、そして仕事の開始時間までに身支度をととのえる。とにかくこれらを実現できるようにスケジュールを考えます。

もちろん、できるならば、洗濯をしたり、掃除をしたり、夜のご飯の下ごしらえなどもしたいところですが、まずは最低限これは絶対に押さえておかなければいけない作業をプロットし、その他の作業と区別します。

家事のスケジューリングには、**「優先順位づけ」**がとても大事です。

なぜなら、あなたにとって「家事をすること」自体が目的なのではなく、**「いかに仕事がうまくいくか」「いかにいい一日が送れるか」**が本来の目的であるはずです。

朝は頭が働き始めるのに時間がかかるので、「悩む時間」を減らすことも大切です。

朝起きてから仕事の準備をするまでの段取りを決めておくと、時間を効率的に使うことができます。

昼は「ながら家事」のチャンス

リモートワークであれば、日中は仕事に集中しながらも、意外に**スキマ時間**が発生するものです。

打ち合わせと打ち合わせの間や、資料作成のちょっとした合間に気分転換も兼ねてちょっとした家事をこなしてみましょう。

めんどくさいと感じることの多い「衣類をたたむ・収納する」という作業も、**「ながら」でこなせる家事**のひとつです。

もしあなたが在宅で作業をしているのなら、リモート会議に声だけで参加しながら手元の洗濯物をたたんでいけば、あっという間に作業は終わります。こうしためんどくさい家事ほど後回しにせず、時間に余裕があるときに済ませてしまいましょう。

仕事がない時間帯であれば、テレビを見たり音楽やラジオを聞きながら作業をするのもいいでしょう。

その他、机のまわりの片付けや掃除など、ちょっとした家事を「ながら」でこなしていくと、一日が楽に過ごせます。

オフィスで仕事をしている場合は、休憩時間にネット通販で必要な買い物をオーダーしたり、料理の献立を考えたりするのもいいですね。

夜は「時短家事」で自分の時間を確保する

夜は早めに仕事を終えてゆっくりしたいものです。家事も時短で、パパッと済ませてしまいましょう。

一番時間のかかる夕食の準備と片付けは、できるだけ手間をかけないように、下ごしらえのできている**ミールキット**などがおすすめです。

料理に必要な食材がセットになっていて、食材がカットされていたり、肉料理が一部調理されていたりするので、手間が省けるだけでなくレシピを考える必要がないのでとても楽です。さっと調理できるので時短にもなり、料理が苦手な人にぴったりです。

また最近ではおいしくて健康的な**冷凍食品**もいろいろと出てきているので、デリバリーなども含めてどんどん活用して、自分の時間をしっかりと確保していきましょう。

こうして朝昼夜と最適なスケジューリングをしてみることで、一日のリズムが見えてきます。

時間帯別おすすめ家事リスト

	考え方の基準	おすすめ家事リスト例
朝	「仕事の準備」を最優先に	朝食のフォーマット化(平日は和食、土日は洋食など) 出かけるついでにゴミ捨て 食器洗い機の導入
昼	「ながら」家事をやる	洗濯物をたたむ アイロンがけ 机まわりの片付け
晩	「時短」家事をやる	ミールキット・冷凍食品を活用した夕食づくり お風呂を出るついでにお風呂掃除 トイレ掃除は週末のみ

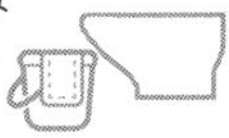

特にリモートワークのときには、「ながら」家事はおすすめ。

ビジネストレーニング④

段取り力

家事も仕事も段取りが 80%

家事も「段取り」！ プランなしは逆効果

「仕事は段取り！」とはよく言われることです。

段取り上手な人は、どんな仕事でもテキパキとやり、次々にタスクをこなしていく——。そんなビジネスエリートのイメージがあります。

この「段取り力」をどうやって家事に活用できるのでしょうか？

夕食の皿洗いのシーンを想像してみましょう。

あなたの目の前には、夕食のハンバーグとサラダを食べ終えたお皿と茶碗などの食器とともに、キッチンにはフライパンや鍋が散乱し、まな板の上には野菜の切れ端が残り、ガスコンロのまわりには油が飛び跳ねています。ダイニングテーブルの上には調理料やドレッシングなども、まだ置かれているようです。

思わずため息が出てしまう状況ですが、とりあえず作業を開始することにしましょう。

じゃあ、まずはキッチンのシンクにあるいくつかの洗い物からスタートしようかな。

NO！　すぐに洗い物に手をつけてはいけません。

なんのプランもなく作業をスタートしてしまうと、油がキレイな食器についたり、ダイニングテーブルとキッチンとの無駄な往復が増えたりと、圧倒的に効率が悪くなっていきます。そして、作業時間が増えるだけではなく、皿洗いがとことんイヤになり、「ああ、もう皿洗いはやりたくない……」となってしまいます。

ここで「段取り力」が大事になってくるのです。

「段取り八分、仕上げ二分」を意識

段取りの世界（!?）では、「段取り八分、仕上げ二分」という言葉があります。

これは、仕事の目的を達成するためには、どうやって仕事を進めていくのかということを指し示した言葉で、**仕事を完成させるには段取り（＝準備・プランニング）が80%で、実際に手を動かす作業部分は20%**しかないことを意味しています。

つまり、実際に作業を始める前の準備とプラニングで、皿洗いは80％終わっているということなのです。あとは淡々と20％の作業をこなすだけ。

果たして本当にそうなのでしょうか？

「段取る」ためには、まずは**ダイニングテーブルのお皿をキッチンに運びます**。先にテーブルの上をキレイにして、食材や調味料なども片付けてしまいます。

そして、おもむろにシンクの中でお皿やコップをざっと水で流しながら**同じ種類のお皿やコップに仕分け**していきます。

ここで大事なのは、

「どういった順番で洗い、どういった順番で水切りカゴに置いていくか」

をはっきりと頭の中でイメージすることです。

その最終形から逆算し、事前にお皿やコップ、フライパンや鍋などを適切な場所にセッティングしておきます。

ここまでが「段取り」です。

実際にはまだ何も洗っていません。しかし、もうすでにあなたの頭の中では洗われているのです。

あなたの頭の中には、すべての食器がキレイに洗われて水切りカゴに並べられ、テーブルやキッチンも片付いているイメージがありますので、あとは淡々とほとんど何も考えず手を動かしていくだけで皿洗いは終了します。

プロのシェフに学んだ、皿洗いの「下ごしらえ」

最初にお皿やコップを仕分けしたり、洗う順番や段取りを考えていると、普通に洗い始めるのと比べて時間がかかるように思われます。しかし、実際にやってみるとわかるのですが、意外とトータルの時間は「段取り」したときのほうが早く終わります。

私自身も最初はやみくもにお皿をガンガン洗っていたのですが、ある日、テレビでプロのシェフが洗い物をしているところを見たときに、そのシェフが最初に洗い物を「下ごしらえ」するようにまとめていたのを見て、自分でもやってみたらこれが思った以上に早く・楽に皿洗いが完了することを知ったのです。

効率を求めるのであれば、**同じ種類のお皿やコップをまとめて洗ったほうがいい**の

おすすめの「食後の片付け」段取り

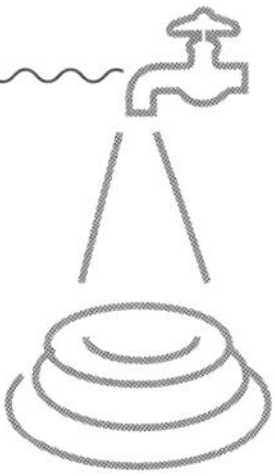

① テーブルの食後のお皿をキッチンに運ぶ

② 食材や調味料を片付ける

③ テーブルをきれいにする（皿洗いの前に、テーブルをきれいにしてしまう）

④ シンクの中でお皿やコップを水で流しながら、同じ種類のお皿やコップに仕分ける

⑤ どういった順番で洗い、どういった順番で水切りカゴに置いていくかをイメージする

⑥ ⑤でイメージした最終形から逆算し、事前にお皿やコップ、フライパンやお鍋などを適切な場所にセッティング

これをしっかりイメージするだけで、食後の片付け・皿洗いは 80%終わっているも同然。あとは淡々と 20%の作業をこなすだけ。

です。

また、このやり方で皿を洗うと、「洗っている途中で余計なことを考えなくていい」というメリットもあります。つまり、事前に準備をしている段階で自分の頭の中では洗う順番をシミュレーションしているので、途中でバタバタせずに作業に集中することができ、心に余裕が生まれるのです。

このプロのシェフがやっていた「皿洗いの下ごしらえ」を知って以来、私のスタンダードとなりました。

家事も仕事も段取りが80%、これを覚えておきましょう。

ビジネストレーニング⑤

マルチタスク力

時短クッキングは、
同時作業で効率を上げよう

料理のレシピには「その料理のこと」しか書いていない

料理に慣れている人であれば、自然に2〜3品の料理を同時に作ることができると思いますが、料理初心者がまずつまずくのは「同時にいろいろな料理ができない」という点です。

この原因は、ほぼすべてのレシピは「その料理のこと」しか書いていないからなのです。通常レシピには、ある一種類の料理についての手順が書かれていて、その一品の料理を作ることを前提にしています。

当然といえば当然なのですが、実際のキッチンでは「みそ汁を作りながら」「たまご焼きを作り」「ご飯をよそう」といったように、いくつかの料理を同時に進める必要があります。

最近では、複数の料理を同時に調理するレシピなどもありますが、料理の組み合わせが決まっているので、実際に使う機会はそんなに多くないようです。

同時作業、つまりマルチタスクの能力が料理には求められています。

事前のシミュレーションでマルチタスクに備えよう

それでは、どうすれば料理初心者でもマルチタスクで料理ができるようになるのでしょうか？

それには**「事前のシミュレーション」**が必要です。

ざっくりとレシピを見ていきなり作り始めてしまうと、途中で調味料がどこにあるかわからなかったり、茹で時間のタイマーが鳴ってからあせって湯切りのざるを用意したり、お皿が準備されていなかったりとバタバタしてしまい、なんとか料理が終わったら疲れ切ってキッチンは汚れっぱなし……。そんな状況が繰り返されてしまいます。

こういった事態を避けるためにも、事前に頭の中で料理の行程をイメージトレーニングしてみましょう。

動きは最小限に、事前の準備であわてない

このイメージトレーニングで大事なのは、どうすれば自分の**「動きを最小にして」****「あわてず料理ができるのか」**という点です。

まずは、レシピを見ながら頭の中で自分の動きをシミュレーションしてみましょう。

まず食材を切って、フライパンで炒めながら、調味料を加えて、お皿に盛る、といったように、料理の行程をイメージしていくと、**「調味料をコンロの横に置いておこう」****「サーブするお皿を準備しておかないと」**といったように、それぞれの行程で必要な調理器具や調味料などを事前に準備しておくことができます。

さらに、複数の料理を進行させることを考えたときには、**「このときは、どのコン**

口を使うのか」「この待ち時間の間に何の作業をすればいいのか」「同時にできあがるためには、この料理はいつスタートすればいいのか」といったように、マルチタスクの作業をイメージして、自分の動きや準備すべきものを確認してみてください。

最近では動画のレシピも多くなりましたが、気をつけなければいけないのは、「自分は、動画レシピほど器用に作業ができない」という点です。

動画レシピではスムーズに野菜を切っていきますが、自分でやるときにはもっと時間がかかります。ですので、しっかりと時間をとりながら事前に皮をむいたり切ったりしておくことを心がけておきたいものです。

PDCAでマルチタスクをブラッシュアップ

事前のシミュレーションで自分の中に料理手順がしっかりと入った状態で料理を始めても、実際には途中で宅配便がきたり、子どもが話しかけてきたりと、いろんなハプニングが起こります。

料理中にはこういったハプニングが起こるものだと想定して、心に余裕を持ちながら料理に向き合っていきましょう。

料理が完成しても、作業は終わりではありません。

マルチタスク料理の中でうまくいかなかったところ、改善できる点をしっかりと復習して、次回の料理に備えたら、次回からはさらに作業がスムーズになります。このＰＤＣＡサイクルがあなたのマルチタスク力を向上させていくのです。

ビジネストレーニング⑥

調整力

お互いの落としどころをどう探れるか、家事は調整力が問われる

家事の「落としどころ」は、どこにある？

パートナーとあなたとの間で家事の分担も上手にできていて、最初はうまくいっていたとしても、しばらく経つうちにだんだんと自分や相手の家事に対しての不満が増えてきて、相手のダメなところが気になり頭から離れなくなる。そんなことは、どこの家庭にもよくあるものです。

しかし、こういった不満の蓄積は、精神衛生上良くないですし、いつかあなたやパートナーの不満が爆発してしまいます。

こんなときには、家事の「調整力」が必要です。

仕事でメンバーの不満が高まりそうなときは、あなたはどうしていますか？

まずは、それぞれのメンバーに話を聞き、誰かの意見に偏るのではなく、みんなの話を総合的に検討した上で「落としどころ」を探るのではないでしょうか。

これは、家事でも同じことです。

「今日の夕飯何にしようか?」に大きな地雷原が隠されている

パートナーと家事の何がストレスなのか話し合ってみると、「いつも洗濯物を裏返さず洗濯かごに入れる」「食事が済んだお皿を水で流さない」「ゴミを片付けない」など、自分にとってはささいなことが、相手の大きなストレスポイントだったりします。

では、なぜこういったことが気になるのでしょうか?

それは、「家事の見た目」と「実際の精神的な負担」が違うからです。

毎日の献立を考えることなどは、その代表的な例です。

朝の食卓で「今日の夕飯何にしようか?」「何でもいいよ」という会話がありますが、実はこれが大きな地雷原です。

家族の健康を考えて、マンネリにならないように、かつ好き嫌いもケアしながら今ある食材なども考慮に入れて、しかも短い時間で料理をする必要があり、その献立を実現するのには食材も必要なので、食材の在庫を考えながら買い物のスケジュールも調整しないといけないのです。

実に大変な作業です。こういった複雑な条件の組み合わせで、段取りを組まなければいけないことを考えずに、「何でもいいよー」とお気楽に返答するパートナーに対してイラッとくるのはごく自然なことなのです。

その他にも、掃除や洗濯、片付けなどの**「単純だけど結果が出にくい」「貢献が可視化しづらい」作業**なども、ストレスを溜めがちな家事です。こういった種類の家事は、毎日地味に続いているので、よりストレスが溜まりやすいのです。

「家事ミーティング」で、お互いの落としどころを探れ

こんな家事ストレスが溜まったときは、パートナーと「家事ミーティング」を開いてみましょう。

まずは、**ストレスポイントについて話し合う**ことによって、相手の感じていること

を理解しましょう。相手のストレスを共有し、**その家事に対する感謝とリスペクトを持つ**ことだけでもストレスレベルはかなり変わってきます。

そして自分がサポートできる部分を探したり、機械や外部サービスの活用なども検討したり、お互いにできることを探していきます。場合によっては、必要最低限のレベルまで手抜きをしたり、そんなに必要でない家事はあきらめたり、その家事をやめたりすることもあるでしょう。

片付けがストレスになっているときは、片付けのやり方自体ではなく、家に物が多いことが原因かもしれないので、実は物を減らしたりすることが解決につながる場合もあります。

こうした家事のストレスを話し合うことによって、自分一人ではなかなか気がつかなかった視点から見ることができ、新しい解決策も見つけられるのです。

「家事ミーティング」でお互いの言い分を共有して、具体的な「落としどころ」を探ってみましょう。お互いのストレスが一気に軽くなっていきます。

家事ストレス軽減を実現する「家事ミーティング」5つのポイント

Point 1 | お互いのストレスポイントを出し合い、共有する

Point 2 | 相手がストレスを感じている家事に対して、感謝とリスペクトを持つ

Point 3 | 自分がサポートできる部分を探す

Point 4 | 機械や外部サービスの活用も視野に入れてみる

Point 5 | 必要最低限のレベルまでの手抜き、その家事をやめることも選択肢に。

例えば、片付けのストレスは、やり方自体ではなく、家に物が多いことが原因かも。「物を減らす」という新しい解決策が見える。これが見えるのも、「家事ミーティング」を開いたから。

ビジネストレーニング⑦

習慣化力

「モーニング家事ルーティン」を
習慣化していこう

モーニングルーティンと家事の関係とは？

近年、ＳＮＳで話題になっている「モーニングルーティン」。これは、「朝の習慣」のことなのですが、朝何時に起きて、まず何をして、次に何をしていくのかなど、毎日繰り返していく朝の習慣を指します。

もともとは海外のYouTuberで話題になったのですが、近年は、日本のタレントやモデル、著名人がそれぞれのモーニングルーティンをYouTubeなどで公開することで、日本でも一気に人気となりました。

セレブなモデルがキレイな部屋で目覚めて、爽やかな朝日を浴びながらコップ一杯の水を飲み、カラダをほぐしてフルーツたっぷりのブレックファーストを準備する。そんなモーニングルーティン動画がYouTubeで何百万回も再生されています。

トップアスリートたちは、環境の変化や自分の体調の良し悪しに左右されないように、毎日同じメニューで食事をしたり、毎回パフォーマンスの前に同じ動作をしたりする「ルーティン」を行ないます。

こういったルーティンを、朝のちょっとした行動で、もっと気軽に生活に取り入れていこうというのがモーニングルーティンです。

自分の「家事スイッチ」を自動で入れる

朝の家事に関しての最大のハードルは、ボーッとしていて何も手につかず、なかなか自分の中の「家事スイッチ」が入らないことです。

この「朝すぐに家事を始める」心理的ハードルをどうやって越えていけるのか……。

その答えが「モーニングルーティン」なのです。

モーニングルーティンの最大のメリットは、**自分の意思を使わずに作業に取りかかれる**ことです。

例えば、「朝起きてコーヒーを飲んだら掃除をする」といったルーティンを決めておくことによって、コーヒーを飲むと、自動的に自分の中の「家事スイッチ」が入り、掃除に取りかかることができるようになります。

こういったモーニングルーティンを毎日続けていくと、朝の家事が習慣化していき、作業の取りかかりがどんどん楽になってきます。

あなたの「モーニング家事ルーティン」をつくろう

それでは、この「モーニング家事ルーティン」はどうやってつくっていけばいいのでしょうか？

まずは普段、自分が起きてから何をやっているかをリストアップしてみてください。

朝のタイムテーブルを分単位で書き出してみて、それをじっくり眺めます。

すると、意外と必要ではないことをしている時間が多いことに気づきます。頭がボーッとして、とりあえず目の前にある携帯やテレビを見てしまうといったように、自分で何をしていいのかわからない時間が発生しているのです。

そういった無駄な時間を過ごさないために、**朝食の準備や部屋の片付けなどをタイムテーブルにして、あなたのモーニングルーティンをつくっていきます。**

最初はどうやってモーニングルーティンをつくっていけばいいのかわからず、具体的なイメージを持ちづらいという人も多いと思います。

そんなときは、他の人の時間配分やルーティンを参考にしてみましょう。

「モーニングルーティン　掃除」などで検索すると、朝の忙しい時間の中でいろんなタスクをこなしているモーニングルーティン動画がたくさん見つかると思います。

参考になる動画を見ながら、自分に合ったモーニング家事ルーティンを完成させていきましょう。

モーニングルーティンは気軽に見直そう

このモーニングルーティンは、一度決めたら絶対に守らなくてはいけないというものではありません。

「ちょっと大変だな、作業の順番を変えてみよう」など、状況や気分に応じてどんどん変えていけばいいのです。

大事なのは、**そのときにやらなくてはいけないことを「後回しにしない」**こと。「この汚れが気になる」「朝はホコリが多いな」などと、そのとき気がついたことを取り入れて、作業を後回しにしないことがポイントです。

朝のルーティンを毎日続けていくと、どんどん自然にカラダが動くようになり、いつしか習慣化していきます。モーニング家事ルーティンを生活に取り入れて、あなたの習慣化力を上げていきましょう。

第2部

家事がやりたくなる「ビジ家事」理論

ビジ家事理論――基本篇

「すぐ家事」理論

何も考えずに「すぐ」家事をやろう

何もやりたくない……、そんなときは「ビジ家事」だ

仕事で疲れていて家事をする気にならない、ご飯を食べたあとにお皿を洗うのがめんどくさい、洗濯は明日まとめてやろう、そんなふうに家事がどんどん溜まっていき、最後にどうしようもなくなって、イヤイヤ家事に取りかかる。

こんなことが積み重なると、本当に家事がイヤになってきます。そしてどんどん家事から遠ざかっていきます。

このような何もやりたくないモードに入り込んでしまうと、抜け出すのはなかなか難しいものです。

今日もソファーにダラーッと寝転んでSNSを見続ける、そんな日常をどう変えていけばいいのでしょうか？

家事はいつやるの？　「今」でしょ！

あなたが今やるべきことは、**「何も考えずに」「すぐに」家事に取りかかる**ことです。

ご飯のあと、シンクに食器が積み重なっていたり、洗濯物が溜まっていたり、机の上がちょっとごちゃごちゃしていたりするのを目にしたときに、「これはあとで片付けよう」「あれをやったあとに取りかかろう」といったように考えるのではなく、まずその場で手を動かしてしまうのです。

一度行動に移してしまえば、誰でも意外にその作業を最後まで続けられるものです。

家事はいつやるのか？　「今」やるんです！

考えるな！自分はロボットだと思い込む

ここで一番大事なのは、**「何も考えない」**ことです。

自分を「自動化」することで、自分の意思の力を使わずに行動に移すのです。

自分が機械になったと思って、何も考えず無心で目の前のことを片付けていきます。

考える一呼吸をおかずに、瞬間的に行動に移す。この間合いです。

いったん自分がスタートしたら、「最初はこれを片付けて、次はこれをやるぞ、そして、これはどうしようかな？」と作業の段取りをつぶやいてみてください。

ぶつぶつと段取りをつぶやきながら、ひたすら作業に集中することで、自分が機械になったように無心で作業をこなせるようになります（まわりからみるとかなり危ない人に思われるので、周囲に注意しましょう 笑）。


そもそも、人間は「やる気」が出て行動を始めるのではなく、**「行動を始める」と、やる気が出てくる**ものなのです。これは、科学的にも証明されています。

何も考えずに、すぐに行動に移す。その行動自体がやる気を呼び覚まし、結果として、その行動を続けやすくなります。

例えば、寒い冬の日などにお風呂に入る前はめんどうだなあと思っていても、お風呂に入ったあとに後悔することはほとんどないですね。

人間は、その行動を起こす前はいろいろと考えてしまうけれど、いったん動き始めたら行動自体にはそんなに抵抗はないもので、むしろ終わったあとには爽快感が残るものなのです。

鍛えるべきは、家事の「反射神経」

では、どうやったら家事を「すぐやれる」のでしょうか。

その秘訣は「反射神経」にあります。

グローバルで活躍するビジネスパーソンの特徴のひとつに「メールのレスが早い」というものがあります。海外に住んでいて時差もあるのに、デキる人に限って、いつメールを出しても、すぐに返事がきて驚くことがあります。メッセンジャーやLINEのレスも早く、回答が難しいときも「確認して返信します」という短いレスがすぐに返ってきたりします。

一度、そうしたグローバルエリートの方に「なぜそんなにメールの返信が早いのですか」と聞いたことがあったのですが、その答えは「すぐに返信せずにあとで返信しようと思っていると、膨大なメールやいろんな会議などがすぐに入ってきて返信できないまま忘れてしまうから、見たメールはその場で返信する」とのことでした。

この話を聞いたときには、**人間の記憶力には限界があるので、目の前にあることをどんどん処理していく**のは確かにとても理にかなったことだなと感じました。

これはまさに、家事にも同じことが当てはまります。

「ここを片付けよう」「これを元の場所に戻しておこう」「この買い物をしなきゃ」と思っていても、「あとでいいかな」と考えて他のことに気が向いてしまうと、あっという間にそのことを忘れてしまっています。

何か気がついたときには、何も考えずにすぐ反応する「家事の反射神経」を鍛えていきましょう。これは、ビジネススキルにおいても重要なエッセンスです。

ビジ家事理論――基本篇

「ゆる家事」理論

「ていねいな家事」から「ゆるい家事」へ

私たちは「ていねいな生活」で苦しんでいる

最近「ていねいな生活」という言葉をよく耳にします。

季節を感じながら、毎日時間をかけて料理を手作りして、ティータイムもゆっくり過ごす。部屋のすみずみまでていねいに掃除をする。ちょっとしたものは、ハンドメイドで手作りをして、週末にはガーデニングを楽しむ。そんなヘルシーで美しいライフスタイルに憧れる人も多いのではないでしょうか。

しかし、共働きの家庭も増え、少子高齢・核家族化が進み、他の家族のサポートもなかなか受けられない現代において、会社と家事、また子育てと忙しく過ごしている私たちには、こうした「ていねいな生活」を実現するのは、なかなか難しいのが実情でしょう。

むしろ、**「ていねいな生活」の理想と現実とのギャップが、私たちを苦しめている**のではないでしょうか。

今こそ「ゆるい生活」にシフトしよう

今こそ、「ていねいな生活」「ていねいな家事」への憧れを捨てて「ゆるい生活」「ゆるい家事」へと、私たちの考え方をシフトするべきときだと思います。

家事のすべてにおいてしっかりとていねいに取り組むのではなく、より楽な方法で、手近なまわりにあるものを使って手抜きをして、もっと楽に生活をしていく考え方です。

すべてにおいて「ちゃんとやろう」「きちんとやろう」とすると、どこかで行き詰まってしまいます。肩の力を抜いて、**「これくらいでいいんだ」**という気持ちで家事に向き合ってみてください。

掃除を機械に任せたり、時には買い物もデリバリーを使って楽になりながら「ゆるい生活」にシフトしていきましょう。

どうしたらもっと家事が楽になるのか？

そのためには、まず家事のさまざまなステップを「どうしたらもっと楽にやれるのか」という視点でとらえ直してみましょう。そうすれば、今まで「これをやらなければ」「こういうやり方じゃなくてはダメだ」と思い込んでいたことが、意外にそうでもなくて、別のやり方で全然問題ないといったことも起きてきます。

例えば、掃除は本当に毎日必要なのでしょうか？

毎日ちょっとしたゴミを片付けるだけ、週末まとめて掃除をしてもいいのではないでしょうか。

食事はちゃんと自分で作らなくちゃいけないのでしょうか？

最近は栄養的にもバランスのいい冷凍食品やミールセットなどもたくさんあります。

たまには、そういったものを使うのもいいのでは？

こんなふうに、もっと楽に家事に向き合ってみるのです。

「やらないよりやったほうがマシ」という思考

だからといって、すべてにおいて手抜きをして、まったく家事をせずに毎日ダラダラ暮らしましょう、と言っているわけではありません。

大事なのは、「やらないよりやったほうがマシ」というマインドセットです。

「一応やっておく」「必要最低限の努力で、毎日の生活を維持していく」

そんな感覚で、ゆる〜く家事をこなしていきましょう。

実際、私自身も掃除や洗濯を始める前などには「じゃあ、軽〜く掃除しま〜す」「さっと洗濯しておきま〜す」とつぶやきながら作業に取りかかります。

しっかりとていねいにやるのではなく、「あくまでできる範囲で、楽にやりますよ」と宣言することによって、自分自身へのストレスを下げてしまうのです。

「ちゃんとやるべき」ではなく、「軽くでもやったほうがいい」という気持ちで家事に取り組んでみてください。すべてに全力投球では疲れてしまいます。少し手を抜きながらも、やることはやる。そんな「ゆるい家事」を目指してみましょう。

ビジ家事理論——基本篇

「単純家事」理論

単純作業で、
自分のモードを変えてみよう

あなたの「モード」を切り替えるのは、「単純作業」

仕事が立て込んできて、いろいろとやらなくてはいけないことが増えてきたときに、作業の優先順位をどうつけていますか？

いろんな作業を、急いでやらなくてはいけない**「緊急作業」**と、ある程度まとまった時間ができたときにやる**「単純作業」**に分けたときに、おそらく多くの人は「緊急作業」を先にやろうとすると思います。もちろん、これは正しい判断なのですが、なかなかテンションが上がらず作業に取りかかるのに時間がかかることも多いのではないでしょうか。

これは、あなたの中の「モード」が切り替わっていないからです。

そんなときは、まず**先に単純作業を始めてしまうと、あなたの頭が「待機モード」から「作業モード」に切り替わり、その後の緊急作業にも自然と取りかかれるようになり**

ます。

単純作業にはこうしたモードの切り替えの効果があります。このモード切り替えを家事にも応用してみてください。

洗濯物をたたんで、後悔する人はいない

例えば、「洗濯物をたたむ」という作業はどうでしょう。

確かにこれも家事の中でもめんどくさいとされる作業のひとつです。「洗濯物を洗濯機に入れるのは楽しいけど、洗い終わった洗濯物を広げて干すのはめんどくさいし、たたむのはもっとめんどくさい」と感じる人も多いようです。

これは、あなたが「洗濯モード」に入っていないからです。

とはいえ、毎日生活していると容赦なく洗濯物は溜まっていくものです。

仕方なく洗濯はするけれども、乾いた洗濯物はそのままソファーの上に放置しておき、着るときにはそこから取って着ていく。そんな風景が今日もどこかで起こっていることでしょう。

では、自分を「洗濯モード」に切り替えるにはどうすればいいのでしょうか？

ここで大事なのは、洗濯物を前にしたときに**「何も考えずに、まず手を動かす」**こと。仕事のことや家庭のこと、恋愛のことなど、イヤなことはすべて忘れて「今、この洗濯をたたんでいること」にフォーカスするのです。

ただひたすらに、

「どうすればキレイにたためるのか」

「たたむ順番はどうやったら効率的か」

「シワを伸ばしてカドをそろえよう」

など、洗濯物に集中する時間を楽しんでみてください。ゆっくりと自分の呼吸を感じながら、**単純作業を繰り返し無心の時間を過ごしてみる**のです。

すると、いつしか日頃の悩みから解放され、リラックスしている自分に気がつくでしょう。

朝のランニングや寝る前のストレッチなどは、やる前には「今日はやりたくないなあ」と思っていても、実際に軽く運動をしてみると、気分が爽快になって「運動をしなきゃよかった」と後悔する人はいません。

同じように、洗濯物たたみに没頭したあとに、「ああ、洗濯物をたたまなければよかった」と後悔する人はいないのです。

単純作業が、マインドフルネスをもたらす

こんな単純作業の家事の繰り返しが、いつしかあなたの生活にリズムを与えて、気分的にも落ち着いた生活が送れるようになります。

自分でも気がつかないうちに、仕事やプライベートでストレスや緊張が高まっているものです。ダラッと生活するのではなく、こういうときだからこそカラダを動かし手を動かす、そして、何も考えずに作業に没頭する時間をとってみてください。

カラダを動かすことで、自分のモードが「だらだらモード」から「しゃきっとモード」に切り替わります。

この最大のメリットは、家事をすることがストレスになるのではなく、逆にストレスを減らすことができることです。家事でストレス解消をすることができ、それがあなたのマインドフルネスへつながる——。こんな好循環を目指してみませんか？

ビジ家事理論——基本篇

「家事タスク分解」理論

洗濯は「洗い」と「たたみ」で役割分担してみよう

洗濯の「どのパート」が好きですか？

「あなたは洗濯が好きですか？」という質問には、好きか嫌いかのどちらかで答えられると思いますが、「あなたは**『洗い』**と**『干す』**と**『たたむ』**では、どの作業が好きですか？」という質問はどうでしょう？

全部の作業が好きな人は意外と少なく、「この作業は好きだけど、残りは嫌い」という人が多いのではないでしょうか。

「洗濯物を入れて洗剤や柔軟剤、場合によってはシミ抜きをして洗濯機を回して、洗濯物を一つひとつ干すのはめんどうだけど、フカフカに温かい洗濯物をたたむのは好き」という人がいたり、逆に「バーンと洗濯機に放り込んで回しちゃうのが好き」という人がいたりと、意外に好みは分かれるようです。

家事の「タスク分解」が成功への近道

このように、洗濯という家事を「洗い」「干す」「たたむ」というタスクに分解してみると、自分の得意なタスク・苦手なタスクに分けられます。

その得意・不得意、好き・嫌いに合わせて、家族の中での役割分担も変えていけばいいのです。

無理に全部のタスクを自分でやることにこだわらず、自分の得意なタスクだけにしぼって作業に参加してみてください。

「自分がすべてやらなくてもいいんだ」と、楽な気持ちで作業できるでしょう。

さらに、他の人と一緒に同じ家事に取り組むことで、「チームとして」の一体感も生まれてきます。

わが家でも洗濯物の仕分けや洗濯機を回すところは主に奥さんが担当し、洗濯物を干したり、取り込んでたたむところは主に私が担当しています。

最初はどちらか時間のあるほうがすべての行程を担当していたのですが、やはり自分の得意でないパートはなかなか気が進まないもので、洗濯をめんどうに感じていました。

しかし、時間が経つうちに自然とタスクが分解されていき、今の役割分担に落ち着きました。実際にこの役割分担が確立されてからは、お互いのストレスレベルも下がったように感じます。

行き過ぎた役割分担は逆効果

ただ、この役割分担も行き過ぎてしまうと逆効果になるので、基本はあくまで自然な役割分担としておいて、**時間のないときや手が空いているときは、積極的に相手のタスクも手伝う**ことを心掛けましょう。

毎日同じ作業を繰り返していると、いくら好きな作業とはいえ飽きてきますし、「どうして自分は毎日これをやらなくてはいけないのか……」といったネガティブ思考のループに陥りがちです。

そんなときは、自分の役割を超えて、相手の作業を手伝うようにしてみてください。

自分の責任領域ではないので、気楽に作業ができ、相手にも感謝されるはずです。

朝食の準備も、タスク分解

洗濯以外の家事に関しても、**一度自分の好きなタスク・苦手なタスクに分解**して考えてみてください。

例えば、食事の準備も

「テーブルやキッチンを片付けておく」

「食材や鍋を準備する」

「料理をする」

「テーブルセットをする」

「サーブする」

といったように、細かくタスクを分解することができます。そして、適材適所で、その人に合った任務をアサインしてみてください。

すべての行程を誰か一人が担当するのではなく、それぞれの得意領域に応じて役割分担を考えていけば、より効率的な業務設計が可能になってきます。

まずは、いろんな作業をタスクに分解して、自分の好き嫌いをお互いに話し合ってみましょう。

意外に相手が好きだったり、苦手だったりする作業があることを知って、さらに家事が楽しくなりますよ。

ビジ家事理論――基本篇

「楽家事」理論

ちょっとした「お得」より「楽」を選ぼう

その行動、果たして合理的な判断？

あなたは普段、

「近くのコンビニよりちょっと離れたスーパーのほうが安い」

「この商品はたまにセールになるから、もうちょっと待っておこう」

「明日はポイント2倍だから、それまで待とう」

そんなちょっとした「お得」を求める行動をしていませんか？

確かに短期的な視点から言えば、合理的な行動のように見えます。しかし、その移動時間や改めてお店を訪問するコストを考えたときには、どちらが本当にお得なのでしょうか？

そして何より、こういった判断や行動にいちいち手間をかけるのはめんどうですよね。さらに、次の買い物のタイミングまでやらなくてはいけないことが残ってしまいます。

「お得」より「楽」を選ぶべき理由とは？

こういうときは、短期的な「お得」よりも、あえて「楽」な選択肢を選ぶことをおすすめします。

ちょっとくらい値段が高くても、自分の好きな銘柄じゃなくても、**目の前の「楽」な選択肢を選ぶ**のです。ちょっとした「お得」は無視して、何よりも「自分が楽であること」をファーストプライオリティとして家事に向き合ってみてください。

なぜなら短期的な利益を追い求めるのではなく、ストレスなく家事を続けることこそが、あなたの最大のミッションなのですから。

確かにショッピングでポイントが貯まっていくのは楽しいですし、貯まったポイントを使うときもすごくうれしいものです。

しかし、実際はそのお得なポイントを得るためにわざわざ苦労をして、ストレスを溜めるようなことをしているのではないでしょうか？

ほんの少しのインセンティブで行動を変えること、そのために、自分の時間を使うことは本当に必要なことなのか、今一度考えた上で行動するようにしてみてください。

実際に私も買い物をする際に「今日はあんまり安くないし、また明日来ようかな」「週末にポイントが5倍になるので、そのときまで待とうかな」と迷うことがあります。しかし、自分で「楽を優先する」と決めているので、迷わずにその場で買ってしまいます。その場で買ったあとは、ポイントのことは意外に気にならないものです。

ネット通販比較も「ある程度」に

また最近ではネット通販もさまざまなお店があり、どこで買うのが一番「お得」なのか迷ってしまいます。ちょっとした日用品を買う場合も、いくつかの通販サイトを比較して数円の違いを見つけて、そこで買ったりするのですが、「損をしたくない」という気持ちがあって疲れてしまうものです。

こんなときは、ネット通販も自分が好きなサイトを決めておき、**「基本はここで買う」**としておけば、迷うことも少なくなります。

何事も「ある程度」のいい加減さが大切なのです。

「楽」なビジ家事で長期的なお得を目指す

もちろん短期的に見れば「お得」なことを目指すのは間違いではないのですが、それで疲れて続かないようであれば、おすすめできません。

「楽」なほうは、無理なく続けられることが多いので、**結局「楽」なほうを選んだほうが長期的に見て「お得」になります**。

損して得取れ――。

目先の利益ではなく、その先の長期的な利益に目を向けたほうが最後は得をします。

あなたの時間は重要な資産です。目に見えないコストをかけてはいけません。

仕事も家事も、短期の利益より長期視点に立った利益回収を目指しましょう。

ビジ家事理論——お掃除・片付け篇

「角そろえ」理論

物の「角をそろえる」だけで
見た目が変わる

そんなに散らかっていないのに、なぜか部屋がキレイに見えない原因

今、あなたの部屋を見回してみたときに、部屋が片付いているように見えますか、それとも、片付いていないように見えますか？

片付いている人は問題ないですね。

では、「片付いていない」と答えた人の中で、「そんなに散らかっているわけでもないのに、なぜか片付いているように見えない」という人はいませんか？

「はい」と答えたあなたに最適なビジ家事理論は、驚くほどに部屋の見た目が変わる「角そろえ理論」です。

部屋の中の「角」をそろえる効用

部屋の中が片付かず、なぜか気持ちが落ち着かない。かといって、「さて、掃除をしよう！」という気にもならない。そんなときがありますよね。

特に机の上などに、リモコンやスマホ、新聞や雑誌、郵便物やノートなどがグチャッと置いてあるのを見るだけで、げんなりしてきます。

片付けても、片付けても、気がつくといろんなものが散乱して「ふ〜〜〜〜っ」と大きなため息が出てくる——。

そんなときは「角」をそろえてみてください。

机の縦横に合わせて、リモコンやスマホなど、いろんなものの「角をそろえながら」並べていきます。

机の上にあるいろんなものをまとめて角をそろえるだけでスッキリ見えて、ちゃんと片付けたように見えるのです。

机の上を一気に片付けるのではなく、ほんのちょっと見た目を変えただけですが、意外なほど効果があり、驚くほど簡単に部屋の見た目が変わります。

目に見える情報を減らして、脳のストレスを減らす

人間の脳は、ほんのちょっとした変化に気がつくようにできているので、乱雑に置かれた物の一つひとつの情報を読み取ろうとして脳がフル回転します。そのため、物が散らかった状態にストレスを感じるのです。

角がそろわない状態の「情報の多さ」が、心の中にざわざわした感じをもたらしているので、角をそろえて見た目を変えると読み取るべき情報量が減り、ストレスを感じなくなるわけです。

同じように、玄関に脱ぎ散らかした靴をちょっとキレイに並べただけでも、玄関全体が整った印象になると思います。

その他、家具やクッション、書類や洗濯物なども角をそろえるだけで、だいぶ印象が変わります。

また、バラバラになっている物をひとつにまとめるのも、整頓された印象になるの

でおすすめです。

角をそろえるといっても、厳密にピッタリそろえる必要はありません。ざっくりひとまとまりにして、縦横をそろえるだけで十分です。

母親から学んだ「角そろえ」の極意

「角をそろえる」という方法は、昔実家に帰ったときに母親から教えてもらったのですが、最初聞いたときは「いや、そんなに変わらないでしょ」「たいして意味がないんじゃないかな」と正直思っていました。

しかし、母親が立ったついでに、ちょこちょこ机の上や棚の上などにある物の角をそろえていくと、ビックリするくらい部屋がキレイになっていくのです。

「これはいいな」と思って、そのときから自分の家でも「角をそろえる」ことを実践してみました。

すると、思った以上に部屋がキレイになっていくことを実感できました。そしていつしか、いろんな物の角をそろえるようになり、どんどん病みつきになっていきました。奥さんからも「こんな方法は初めて聞いたけど、意外に効果があるね」と好評です。

角は「ちょこちょこ」そろえていく

乱雑になった部屋を「さて、片付けよう」とするのではなく、**何かのついでにちょこちょこ角をそろえていく**のが、ゆるく楽に長続きするコツです。

立ったついでに、自然に目についた物の角をそろえるようになれば、「角そろえ」はもうあなたの生活の一部になっていることでしょう。

「角をそろえる」というシンプルな方法だけで、情報量のノイズが減り、部屋全体が整った印象になるので、ぜひ一度試してみてください。

ビジ家事理論――お掃除・片付け篇

「掃除ロボット化」理論

アクショントリガーで、
自分を「掃除ロボット化」しよう

「アクショントリガー」で掃除をスタートする

アクショントリガーとは、行動（アクション）を起こすきっかけになる引き金（トリガー）のことです。

例えば、「お風呂から出たら、ストレッチをする」といったように、**「お風呂を出たら」を条件として設定する**ことで、それが引き金になって「ストレッチをする」という行動を始めやすくなる効果があります。

このアクショントリガーを掃除に応用して、掃除ロボットのボタンを押すと〝ウィーン〟と掃除を始めるのと同じように、あなたの中の「掃除スイッチ（＝アクショントリガー）」が押されたら、自動的に掃除を始める習慣をつけてみましょう。

ちょうど自分が「掃除ロボット」になって、スタートボタンが押されたイメージです。

アクショントリガーは、「すぐに実行できる簡単なのもの」で、「普段の行動とひも付いているもの」にすることが大切です。

例えば、「ご飯を食べてお皿を洗ったら」「歯を磨いたら」「コーヒーを飲んだら」など、毎日行なう行動にひも付けるといいでしょう。

さらに（本当の）掃除ロボットも導入してみよう

こうしてアクショントリガーを使って、自分を掃除ロボット化できるようになってきたら、次は（本物の）掃除ロボットと連携して、さらに上のレベルを目指してみましょう。

（本物の）掃除ロボットは、あなたがどんなに疲れていても、どんなに忙しくても、スイッチを入れれば、あなたの代わりに掃除をしてくれます。あなたが出かけている間や、他の家事をしている間にも掃除をしてくれるので、その間は他の家事や仕事に集中することができます。

最近の掃除ロボットは、どんどん進化しているので、掃除能力も高く、ソファーの下やベッドの下など、場所によっては自分がやるよりキレイになったりします。

わが家でも掃除ロボットを買ってから、あまりに掃除が楽になったので、正直「もっと早く使っておけばよかった」と思ったくらいです。

さらに、掃除ロボットとスマホを連携していると、掃除を終わったときに通知が来たり、スタックするとアラートが飛んで来たりするのですが、それを見ていると「掃除ロボットも頑張っているんだなあ」と微笑ましい気持ちにもなってきます。

掃除ロボットとの連携で、効果倍増

そんな（本物の）掃除ロボットと掃除ロボット化した自分で同時に掃除してみてください。

人間が強い領域と、ロボットが強い領域がちょっとずつ違うので、いい相乗効果が得られます。

掃除ロボットと一緒に掃除をしていると、「よし、お前はそっちを頼んだ。俺はこっちを掃除するよ」といった感じで、機械と人間のコラボレーションが楽しめます。

掃除ロボットを使うには、床の上に物がないようにしなくてはいけないので、そのあたりは少しめんどうなのですが、慣れてくると、だんだん床に物を置かなくなるようになり、自然と部屋が片付いていくようになるのも大きなメリットです。

もちろん、**普段は機械の掃除ロボットに任せて、週末などにまとめて自分が掃除をするる**のもアリです。

毎日機械の掃除ロボットが少しずつ掃除をしてくれれば、週末まとまって掃除機をかけるよりは、はるかに楽に掃除をすることができます。

毎日の掃除習慣ができてくると、棚の上のホコリや水まわりの汚れなども自然にちょこちょこ掃除をしたくなるから不思議です。

自分を掃除ロボット化して「何も考えない幸せ」を感じる

こうして自分を掃除ロボット化し、さらに機械の掃除ロボットも導入することによって、「週末にまとめて掃除をしなくちゃ」とつねに気になっていたことから解放され、気持ちはどんどん楽になっていきます。

日頃のいろんな悩み事をしばし忘れて、アクショントリガーで自分を掃除ロボット化してみてください。

ビジ家事理論――お掃除・片付け篇

「ルール化」理論

「小さなルール」で、
いつの間にか家がキレイになる

「計画は実行されない」という
リアルな現実

これまで説明してきた「角そろえ」理論や「掃除ロボット化」理論は、どちらも部屋を片付けるちょっとした「ルール」です。

これに対して、部屋を片付けるというゴールを設定して、それに向けてどう近づけていけるのか、それには「計画を作る」というやり方もあります。

しかし残念ながら、こういった計画は実行されることはほぼありません。

小学生のときの夏休みの宿題や、2週間後に提出しなくてはいけない仕事の資料などを考えてみてください。最初は「毎日コツコツとこなしていって、早めに終わらせちゃおう」と思っていても、「今日は忙しいから、まあちょっと休もう」「その代わり明日2倍やろう」とどんどんタスクを先延ばしにして、最終的には締め切り前夜に泣きながらフィニッシュさせる……。誰にでもそんな経験があるのではないでしょうか。

課題解決には計画が大事なのですが、「自分の中のルーズな自分」を甘くみてはいけません。

部屋を片付けるという目標に向かって一番現実的なのは、**「計画を作る」のではなく、「ルール化する」**ことです。

「ルール化」で甘えた自分をコントロール

「自分は計画が守れない」というリアルな現実に向き合って、自分で守るべきルールを作りましょう。

例えば、**「立ったときには、何かを片付ける」**というルールはどうでしょうか。

リビングのソファーに座っていてお水を取りにキッチンに立った際に、何かひとつ目についた物、例えば、「机の上に置いてあったシャープペンを元の位置に戻しておく」といったように、何かをする際にちょっと気になることを片付けるのです。

お風呂に行く際、ついでにストックの食材を棚に持っていくのもいいでしょうし、ベッドから起きたときに寝る前に読んでいた雑誌を片付けるのもいいでしょう。

「気がついたものを、その場で片付ける」ことをルールとして取り入れるのです。

こういった小さなルールの積み重ねが、「計画が守れない」「甘えた自分」をコントロールすることにつながります。

モノ捨ての先延ばしはしない

もうひとつおすすめのルールは、**「一日ひとつ、モノを捨てる」**です。

日々生活をしていると、家の中にはどこで買ったか記憶にないようなモノがあふれてきます。ちょっと気を抜くと、そんな雑多なものがどんどん溜まっていき、モノに圧倒されてしまいます。不要なモノは捨てたり、リサイクルしたり、売ったりして、自分ではモノを処分していると思っていても、「これはいつか使うかも」「今、捨てなくてもいいかな」と捨てるのを先延ばしにしているモノも多いものです。

やはり、あなたの計画は、自分が思うほどにはうまく実現できないものです。だからこそ、「一日ひとつ、モノを捨てる」というルールを作り、強制的に毎日ひとつ何かモノを捨ててみてください。もちろん、リサイクルもオッケーです。

毎日1%の影響力

大事なのは「先延ばしにしない」こと。別の項目でもお伝えしたとおり、今できることを今やるのです。

毎日1%モノが増えていくだけで、半年後、1年後にはすごくモノが増えていく計算になりますが、逆に毎日1%減っていくと考えると、驚くほどモノが減っていくことになります。

そうやって、毎日少しずつ小さなことを積み重ねることで、それが習慣化し、気がつけば「部屋を片付ける」という大きな目標にたどり着けるようになります。

ビジ家事理論——お掃除・片付け篇

「ゴミ出しリラクゼーション」理論

ゴミ出しでストレスも外に出してしまおう

ゴミ出しを最高のリラクゼーションに変える

在宅時間が長くなるにしたがって、「ゴミ出し」の悩みは、日々増えてきています。

「決まった曜日・時間にしかゴミが出せないので、それまで保管しておくのがイヤ」

「どう分別していいか迷うことが多い」

といった悩みから、最近では
「自分の個人情報が入ったゴミをどう出せばいいのかわからない」

といったゴミのプライバシーに関する悩みも耳にするようになってきました。

地域や自治体、マンションか戸建てかによって事情は異なりますが、ゴミの分別や捨てたいときに捨てられないといった悩みは、全国共通のようです。

物があふれている現代において、ゴミ出し問題は、家事の悩みのひとつとなっています。

決まった曜日にゴミを出し忘れて、部屋の中で1週間、ゴミと過ごすのは誰でもイヤなものです。

このストレスフルなゴミ出しを最高のリラクゼーションに変える「ゴミ出しリラクゼーション」理論を紹介します。

ビジネスにおいて、ストレスフルな状況は最高のチャンス

最近、ビジネスの世界で注目されている**「レジリエンス」**という言葉をご存じでしょうか？

このレジリエンスとは、もともと「外の力によるゆがみをはね返す力」として物理学で使われていた用語なのですが、最近では「困難や逆境の中にあっても、心が折れることなく、状況に合わせて柔軟に生き延びようとする力」という心理学の用語として使われるようになってきました。「回復力・復元力」とも言われますが、ストレス

社会の現代において、ビジネスの課題に取り組み、ハッピーな人生を送るための重要な考え方になっています。

ストレスがかかると、普通の人の場合は落ち込んで暗い気持ちになりますが、レジリエンスが高い人は、その状態からすぐに回復することができます。

これは、その人が自分自身でストレスに対処して、ストレスをチャンスに変えているからなのです。「ゴミ出し」という大きなストレスを、最高のリラクゼーションに変えていくヒントがここにあります。

「心の中のゴミ」も一緒に外に捨てちゃおう

レジリエンスの高い人の特徴のひとつに、**「物事をポジティブにとらえる」**というものがあります。

例えば、何か仕事で失敗をしたときにも、「自分には無理だったんだ」と考えるのではなく、「ここを変えれば、成功していたかも」といったように、楽観的かつポジティブに事実を見ることができます。

そういったポジティブな視点で「ゴミ出し」を見ていきます。

確かに、ゴミが家の中に溜まっていくのはストレスです。しかし、そのストレスを「ゴミ袋に詰めて、外に出してしまう」と考えるとどうでしょうか。

昨日あったイヤなことやうまくいかない仕事の悩みやイヤなこと、めんどくさい日常のあれこれをゴミ袋の中に入れてしまいます。そして、そのゴミ袋を家から外に出し捨ててしまうことで、自分の中の悩みも捨ててしまうと、イメージしてみるのです。

心の中のゴミも一緒にバーンと外に捨ててしまいましょう。

ポーンとゴミ袋を手から離した瞬間に、心の重荷が楽になり、気持ちが軽くなってきませんか？

「こんな気持ちのいいことをやらないのはもったいない」「ゴミ出しは最高のリラクゼーションだ！」といった意識で、ゴミ出しに向き合ってみましょう。

物理的なゴミを出すことが、心理的なデトックスにつながっていきます。

これが「ゴミ出しリラクゼーション」理論です。

ビジ家事理論——お掃除・片付け篇

「風呂掃除リラクゼーション」理論

お風呂から出たらすぐに
浴槽を洗おう

お風呂掃除を リラクゼーションに変えられる？

お風呂に入ることは、最高のリラクゼーションです。

ゆっくりと湯船につかって一日の疲れを取ることでリフレッシュして、明日への元気も湧いてきます。湯船に入るのはめんどくさいということでシャワーだけで済ます人もいますが、湯船につかることで体温を上げていくと血液の循環が良くなり、疲労回復効果も期待できるで、全身浴で肩まで湯船につかりたいものです。

このお風呂タイムは一日の中で至福のときといえますが、お風呂に入ると、お風呂場が濡れて汚れることも忘れてはいけません。

毎日お風呂に入っていると、いつしか汚れや水垢も溜まっていき、夏場や湿った時期にはカビも気になってきます。ゆっくりしたい週末に、パートナーから「今日はお風呂掃除をお願いね」と声をかけられると、ちょっとげんなりしてしまう人も多いでしょう。

お風呂に入るという気持ち良さと、掃除をしなくてはいけないという苦行が同居している、それがお風呂場です。

お風呂掃除のストレスをリラクゼーションに変えることはできるのでしょうか？

「ゴミ出しリラクゼーション」はストレスを溜めて溜めて……、バーン！　と捨てるデトックスでしたが、お風呂掃除は毎日コツコツやるタイプのデトックスが適しています。

ポイントは、「お風呂から出たらすぐ洗う」

浴槽内の汚れは、乾いて冷たくなると落とすのが大変になってくるので、週末溜まった汚れを一気に落とそうとしてもなかなかキレイにならず、むしろどんどん垢が溜まっていきます。

ですので、**お風呂の掃除は週末まとめてするのではなく、毎日お風呂に入ったあとに軽く掃除をする**のが合理的です。

お風呂から出て湯船のお湯を抜いたら、すぐに洗剤をかけてスポンジなどで軽く洗い、シャワーで流してしまいましょう。

お風呂から出てすぐのこの段階では、まだ汚れは浴槽に軽くついているだけなので、ちょっと掃除をするだけで、思った以上に浴槽がキレイになります。

お風呂のあとに毎回掃除をしておけば、次にお風呂に入るときもキレイな浴槽に入れるのでとても気分が良く、掃除を続けていくモチベーションを保つことができます。

軽くサッと流すだけなので、トータルで考えると、実は**週末にまとめて掃除をするよりも短い時間で済み、家事の時短にもなります**。

「スッキリした!」という魔法のひと言

毎日の軽い風呂掃除のときにおすすめなのが、シャワーで汚れを流すときに、**「は～、スッキリした、気持ち良かった!」と声に出してみる**習慣です。

自分がキレイになるだけでなく、お風呂もさっぱりキレイになっていることを声に出すことで、心もスッキリしてきます。

こうして毎日のお風呂掃除が習慣化してくると、週末にお風呂掃除の時間をとる必要がなくなるので、リラックスした週末を過ごせるようになります。

思考の切り替えで、家事をデトックスにする

ゴミ出しもお風呂掃除も、めんどくさいと思えばどこまでもめんどくさいものです。

このストレスフルな家事をポジティブなデトックスとしてとらえて、毎日を過ごしてみませんか。

特に、トイレ掃除や洗面台の掃除など、水まわりの掃除などには効果的です。

確かにめんどうな家事はたくさんありますが、思い切って思考を切り替えてみると、新しい光が見えてくるはずです。

ビジ家事理論――お掃除・片付け篇

「家事ワイン」理論

ワインを片手に、
テレビを見ながらアイロンがけ

アイロンがけは、いつやるか？

パリッとノリが効いたシャツを着るときなどはとても気分のいいものですが、アイロンがけも、なかなかおっくうな家事のひとつです。

かといって、すべてのシャツをクリーニングに出すのもお金がかかって仕方ないので、週末時間ができたときにまとめてアイロンをかけようかなと思いますが、溜まっていくシャツの山を見て、「やっぱり自分でやるのは大変だから、クリーニング屋さんに持っていこうかな……」となってしまうものです。

最近では、シャツが形状を記憶して、ほとんどアイロンをかけなくてもいいものも出てきていますが、まだまだ家の中にはアイロンがけが必要なシャツがたくさんあります。

なぜアイロンがけがすぐにできないかと考えてみると、「アイロンをかけるタイミングが難しいのでは」ということに気づきました。

食事は３食朝昼晩のリズムがあるように、掃除や洗濯なども決まった時間にやる習慣をつけることが必要です。

では、アイロンがけはいつやればいいのでしょうか？

答えは、**「リラックスしているときに、ワインでも飲みながらやってみる」**です。

「ワインを片手にアイロンがけ」をして気がついたこと

私の知り合いで、アイロンがけがめんどくさくて、どうしても後回しになってしまうことにストレスを感じているという女性がいました。

ある日、どうしてもお気に入りのシャツにアイロンをかけなくてはならなくなったのですが、ちょうど見たいテレビ番組もあったので、夕食後のリビングにアイロン台を持ってきて、テレビを見ながらアイロンをかけたそうです。そうすると、意外なほど作業がはかどり、またたく間にアイロンがけが終了したといいます。

これは、**アイロンがけだけに向き合うのではなく「ながら作業」でアイロンがけに取**

り組んだことで、作業の心理的負担が少なくなったからなのだと思われます。

その後、食後のワインなども飲みながら作業するようになり、さらにアイロンがけ自体に楽しく向き合えるようになったそうです。

「ながら家事」がイヤな家事を楽しい家事に変える

「ながら家事」は、イヤだと思う家事と一緒に楽しいことをすることで、家事が楽しく感じられるテクニックです。

テレビを見ていることでアイロンがけの作業が気にならなくなり、テレビ番組のスケジュールに合わせてアイロンがけをすることで、作業の習慣化もできるようになります。さらに、ワインを飲みながら楽しい気分で取り組むことで、「その作業自体が楽しい」と思い込むことができるのもメリットでしょう。

ただし、飲みすぎて手元が狂わないように、ワインはほどほどにしましょう（笑）。

もちろん、ワインでなくても、好きな音楽を聞きながらでもいいですし、誰かと電話をしながらでもいいでしょう。

「ながら作業」が家事の幅を広げる

実際に自分でもワインを飲みながらやってみると、アイロンの蒸気でシャツのシワが伸びていくのは気持ちがいいもので、ワインの酔いとともにどんどん作業に没入していくことができ、アイロンをかけ終わったあとは不思議な爽快感が残っていました。

それまでは、アイロンがけに苦手意識があったのですが、一度やってしまえば作業自体は楽しいもので、やり始めるきっかけさえあれば、無理なく習慣化できていくものだと感じました。

こうした**「ながら家事」**は、アイロンがけだけのものではありません。テレビを見ながら洗濯物をたたむ、音楽やラジオを聴きながら、皿洗いや掃除をするなど、他に**苦手意識がある家事を、自分の好きなものと一緒にやってみてください**。意外な相乗効果で、自分の家事の幅が広がっていきますよ。

ビジ家事理論——キッチン篇

「キッチンコックピット」理論

キッチンはコックピット理論で整理整頓

家事のプロから学んだ「キッチンコックピット理論」

キッチンコックピット理論とは、キッチンを飛行機のコックピットのように操縦しやすくしていくという考え方です。

飛行機のコックピットは、操縦するのに必要なボタンやレバー計器類は、すべてパイロットの手の届く範囲に設置してあり、その中でも特に大事なスイッチ類は手元の近くに配置されていて、すべての作業が効率的に行なえるようになっています。

一瞬の作業の遅れが生死にかかわることだけに、長年にわたって効率化が追求された結果、最も効率的な配置になっているのが飛行機のコックピットなのです。

この飛行機のコックピットのように、**キッチンのいろんなものを自分の手の届く範囲に効率的に配置**してみましょう。

引っ越しの際に教えてもらったコックピット理論

実は、このキッチンコックピット理論は、自分で考えたものではなく、ふとしたきっかけで人に教えてもらったものです。

10年ほど前に引っ越しをする際、引越し業者の方に荷ほどきをお願いしたことがありました。

そのとき手伝ってくれたのは、主婦歴数十年というベテランの方だったのですが、「食器やフライパンなど、置き場所の指定はありますか?」と聞かれたので、「特に決まってないので、お任せします」と答えて、その方に配置をお任せしました。

すると、これまで自分が置いていた場所とは違う場所に、食器や調味料・グラスなどをどんどん置いていくのです。「あれ、その食器はそこでいいのかな……?」と思って、その方に聞いてみると、「料理の流れを考えて、それぞれの物を一番効率的な場所に設置するのがいいんですよ」と教えてくれたのです。

引っ越しが終わり、実際に料理にとりかかってみると、よく使う調味料やフライパンが手元にあることで、驚くほどスムーズに作業が流れていきました。

数年後にまた別の場所に引っ越すことになるのですが、それまで食器などの配置はまったく変わらずそのままでした。

これこそが、「キッチンをコックピットのようにする」というキッチンコックピット理論だったのです。

「使うものだけを使う場所に」がコックピットの基本

キッチンコックピット理論では、作業の手順に沿って自分の手の届く範囲に使う用具を配置していくのが基本です。

よく使う、いわば「1軍のキッチン用具」は手元に近いところに置き、いつもはそんなに使わない「2軍のキッチン用具」は遠いところにしまっておきましょう。

「よく使うもの」だけを「使いやすく」収納する。

このイメージを持ちながら、キッチンの用具をどこに配置していくかを決めていきます。

理想は、自分がほとんど動かずに、目的の用具を取り出せるのがベストな状態です。

コックピット理論で料理用具を配置してみよう

まずは**コンロの下**、コンロで使うフライパンや鍋類はここに収納します。

まな板などを置く作業場の下には包丁やピーラーなどを置き、調理中でもすぐ取れるように、菜箸やお玉なども置いておきます。

シンクの下には、ボウルやざるなど水まわりのものを置きましょう。

そして**調味料**は、コンロ横の引き出しにまとめて置きます。調理中、引き出しを開けっぱなしにしておけば、クッキングの途中でもほとんど動くことなく必要な調味料を取り出して、使ったらすぐに元の場所に戻せるので、コンロまわりが散らかりません。

食器は毎日使うものだけを自分の手の届く高さに置いておき、あまり使わないもので軽いものは高いところに、重いものは低いところにしまっておきます。

あなたのコックピットは、どんなコックピット？

料理用具の設置場所は、キッチンにもよって違いますし、それぞれの料理スタイルでも違うでしょう。

しかし共通しているのは、**それぞれの用具を収納する前に、「本当によく使うもの」を見極める**ことです。

お皿だからといってすべてを同じ場所に収納するのではなく、よく使うものは自分の手の届くところに、たまにしか使わないものは遠くに収納してみてください。最初はちょっととまどいますが、慣れてくれれば本当に便利なキッチンになります。

ビジ家事理論──キッチン篇

「ホームレストラン」理論

レストラン運営視点で献立を
マネジメントしよう

献立がストレスになる原因

毎日の献立を考えるのは、地味にストレスな家事のひとつです。

栄養のバランスを考えながら、マンネリにならないようにその日の献立を考えようとしても、ついつい同じような献立になってしまいます。

もちろん、今ではいろんなメニューサイトがありますし、スマホでどんなレシピでも簡単に検索できるのですが、

「そもそもどんな料理にしたいか、まったくイメージができない」

「毎日毎日考えるのがイヤだ」

という声をよく聞きます。

仕方なく、パートナーや子どもに「何が食べたい？」と聞いても、「ハンバーグ！」といった自分の好きな料理か、「なんでもいい！」という返事が返ってくるばかりです。

さらに、冷蔵庫の中身を見ながら、買い物をしなくてはいけないのがまた大変です。

このプロセスが毎日繰り返されることで、献立を考えることがストレスになっている人も多いと思います。

解決のヒントは「レストランのメニュー」にアリ

どうすれば、毎日の献立を「あまり考えることなく」「効率的に」決めていくことができるのでしょうか？

そのヒントは、街のレストランのメニューにあります。

和食でも洋食でも中華でも、そのお店のメニューを見てみると、いつでも頼める**「定番メニュー」**に加えて、**「日替わり」「週替わり」「月替わり」**のメニューがありますよね。

これは、定番メニューでしっかりとその店のベースをつくりながらも、それだけではお客さんが飽きてしまうので、新しいメニューを期間限定で提供しています。

さらに、こうした期間限定メニューでは、そのときの旬な素材を使うこともできます。

このメニューの構成を、自宅の献立にも取り入れてみましょう。

あなたの「家メニュー」を作ってみよう

まずは、あなたの**「定番メニュー」**を決めていきましょう。

栄養のバランスも良く、作りやすい。そして、家族がみんな好きな料理は何ですか？

わが家の場合は、いろんなメニューを試行錯誤した結果、最終的には「ハンバーグ」「麻婆豆腐」「ハヤシライス」「豚しゃぶ鍋」が定番メニューとなっています。

まずこの定番メニューを決めることによって、「今日は献立のアイデアが浮かばない……」というときに、この定番メニューの中から簡単に選ぶことができるようになります。

さらに、そのときの旬な食材をベースに、**「月替わりメニュー」**を考えてみましょう。

白菜がおいしい季節であれば、鍋だけではなく、白菜の煮物や炒めものを作ったり、ナスが出回る季節にはそのまま焼いてもおいしい一品になります。そして、その日に特売だった食材やお惣菜、もらいものなどは**「日替わりメニュー」**として食卓に出します。たまには、お惣菜だけの居酒屋風のメニューも楽しいものです。

こうやってあなたの「家メニュー」を決めておけば、毎日の献立のローテーションを決めるだけで、ストレスなく食事の支度に取りかかれます。

「家というレストラン」をどうマネジメントしていくか？

家メニューの考え方は、まさにマネジメントそのものです。

コストとクオリティのバランスを考えながら、限られたリソースの中で効率的に提供していくものを考えていきます。

日常のルーティンメニューは定型化して省力化する一方で、「シーズナルメニューはバラエティに富んだラインナップにしよう」など、あなたのマネジメントスキルを十分に活かせるはずです。献立も、マネジメント視点で決めてみましょう。

ビジ家事理論――キッチン篇

「ブレックファースト フォーマット」理論

朝食は、毎日同じフォーマットで OK！

朝食はフォーマット化が正解

「習慣化力」（69ページ）でも、朝の家事はルーティン化が大事だという話をしましたが、その中でも特に朝食の準備は、定型化がポイントです。

寝起きでよく働かない頭で朝食のメニューを考えても、なかなかうまくいきません。朝は時間もないので、サッと決めて準備を始める必要があります。

ですので、**朝食は毎日同じフォーマット**に決めてしまいましょう。

和食であれば、ご飯と味噌汁にスクランブルエッグや納豆をプラスする。洋食ならトーストとハムエッグといったように、毎日同じフォーマットにすることで、悩む時間をなくします。

ドレッシングや調味料などに変化をつけることで、いろんな味わいを楽しむこともできますし、味噌汁の具を変えたり、前の日の残り物でバリエーションをつければ、意外に毎日同じフォーマットでも気にならないものです。

こうして朝食をフォーマット化したモーニングルーティンはどうなるでしょうか？

準備開始から後片付けまでつながるルーティン

私の場合は、朝起きてまず部屋のカーテンを開けてから、おもむろにキッチンに行き、乾かしていたお皿やコップ、フライパンなどを片付けることから一日がスタートします。

傍目には、ボーッとした状態からいきなりお皿を片付けるのはちょっと変わっているように映るかもしれませんが、こうして朝イチにキッチンを片付けることによって、その後の朝食作りへスムーズに移行することができて、何よりキレイに片付いたキッチンを見ることで、心がスッキリするのです。

朝食に関しては、平日は和食、週末は洋食と決めているので、毎日決まった段取りで朝食の準備をしていきます。

奥さんと一緒に朝食の準備をしていても、最終形が共有できているので、何も言わなくても、お互いをサポートし合うことが可能です。

そして何より、メニューをフォーマット化してあれば、どんどん料理がブラッシュアップされていき、毎日期待どおりの味が出やすくなるのです。

さらにご飯を食べたあとは、間髪入れずにキッチンに洗い物を持っていき、すぐに洗い物を片付けることも自分で決めています。このあたりからだんだん目も覚めてきて、カラダもスムーズに動くようになってきます。

こうしてリズムが出てくれば、あとはこのリズムに乗って、洗濯・掃除機がけへとつなげていきます。

朝食の準備からここまでをルーティン化できれば、ストレスなく朝の家事に取りかかることができるようになります。

フォーマット化で、気持ちが楽になっていく

こうして定型化がうまく回り出していくと、作業手順が体に染み込み、**何も考えずに食事の準備をこなすことができる**ようになります。

同じ時間に同じ手順で同じ行動をするといったように、作業手順が決まっていることで、時間の短縮となり、作業にかかるストレスも低減できます。うまくいっているという実感とともに、自分の中のモチベーションもどんどん上がっていき、結果として、その日の作業効率が上がることにつながるのです。

朝の気持ちのいい空気の中でストレスなく朝食の準備をして、気持ちのいい一日をスタートしましょう。

ビジ家事理論——キッチン篇

「ゼロ秒家事」理論

皿洗いの極意は「食べたらすぐに立つ」

食後のひと息が、大きなロスにつながる

ご飯を食べたあとは、やっぱりひと息つきたくなりますよね。特に仕事も終わって家族で夕食を楽しんだあとは、少しゆっくりしたいものです。

しかし、この「ひと息」がくせものです。いったんソファーで食後のひと息を楽しんでしまうと、皿洗いがとたんに大変な作業に感じてしまいます。

「まあ、テレビを見たあとに片付ければいいか」と思ってお皿を放置していると、油や汚れがどんどん落ちにくくなっていきますし、めんどくささは減るどころか、どんどん増えて、やりたくない気持ちが芽生えてきます。

ですので、ここはご飯を食べ終わったら、**「ゼロ秒」でキッチンに立って、お皿を洗い始める**のが正解です。

自分を皿洗いロボット化すれば大丈夫

しかし、私自身も「お皿洗いが好きだ」と言ってはいるものの、食事を終わってすぐにお皿を片付けるのは正直気が進まないものです。

できることならば、ご飯を食べたら横になって、テレビやスマホでも見ながら、リラックスしたいものです。

しかし、**「食べたらすぐに洗うのだ」**と自分に言い聞かせて、自分をロボット化することで、すぐに皿洗いに取りかかるようにしています。

洗い始める前は気が乗らないことも多いのですが、無理矢理にでも作業をスタートしてお皿を洗っているうちに、いつしかどんどん作業に没頭していき、ハッと気がついたときには、キレイになったシンクとお皿が目の前に現れます。

皿洗いにも、アート感覚を

さらに、皿洗いに集中するために心がけていることがあります。

それは、**洗ったお皿を「どうキレイに並べるか」**。

バラバラのお皿を重ねていくのは、スペース的にも効率的ではないですし、乾きも遅くなってしまいます。何よりも、見た目が良くないので、気分もそんなに良くはならないですね。

そんなときは、同じ種類のお皿を並べたり、ちょっとズラしたりして、アート感覚でお皿やお茶碗、グラスなどをデコレーションしてみましょう。

お皿の並べ方がバシッと決まってうまくいったときには、気分もアガります。

こうしたちょっとした喜びをプラスすることで、さらに作業へ集中することができるのです。

「ゼロ秒家事」を連続させる

さらに、家事を「ゼロ秒」で始めることを連続させていくことによって、家事の効率は飛躍的に向上していきます。

例えば、お皿を洗ったらゴミをまとめる。その後は、洗濯をして自動掃除機のスイッチを入れる、といったように、**いろんな家事を「ゼロ秒」で連鎖させていく**ことによって、いろんな作業を連続的に片付けていくことも可能になってきます。

次にやるべきことに「ゼロ秒」ですぐに取りかかる。こんなリズムで家事を連続させていければ、あなたの「意思の力」をまったく使うことなく、まるで家事ロボットを操作しているかのように、楽にさまざまな家事をこなしていくことが可能になっていきます。

仕事も溜めずに、「ゼロ秒処理」が原則

この「ゼロ秒処理」は、仕事でも使える法則です。

ちょっとした書類の記入を頼まれたら、「あとで書こう」ではなく「ゼロ秒」でサッと記入してしまうのです。メールもあとで返そうと考えるのではなく、その場ですぐにリアクションすることを原則にしてしまいましょう。

あなたの脳の中に未処理タスクを溜めておくのではなく、つねにその場で処理することを心がけることによって、脳のメモリーを最大限に使えるようにしておけるのです。

「ゼロ秒家事」思考を、仕事や生活のいろんな場面でどんどん使っていきましょう。

ビジ家事理論——通販・デリバリー篇

「通販エコシステム」理論

ビジ家事の本領発揮、
通販を活用しよう

日々の買い物を楽にする「エコシステム」

忙しい日々の中で、買い物も時間をとってしまう家事のひとつですが、どうしたらこの買い物を楽にすることができるのでしょうか。

ここでおすすめしたいのが、「通販エコシステム」をつくるという考え方です。「通販エコシステム」とは、生活の中に通販を組み込んで、自然にほしいものが手元に届く状況をつくるということです。

例えば、ネット通販の中には定期的に商品が送られてくる**「定期購入」**のシステムがあります。一度登録の手続きをするだけで、あとは自動的に商品が届くので、とても便利です。しかも、多くの場合、定期購入のほうが普通に購入するよりも割安になっているので、お得です。

実際に私自身もペットボトルの水やペットシーツなどを登録して使っていますが、

前のものがまだちょっと残っていたり、旅行などで長期間家を空けたりするときなどは簡単にスキップすることもできます。

こうしたサービスを組み合わせて活用し、あなたの通販エコシステムをつくっていきましょう。

ネットスーパーで食材を買ってみませんか?

では、ネットスーパーはどうでしょうか?

日用品や本などはネット通販を使っていても、「実際に自分で商品を選びたい」「送料が高い」などの理由で、ネットスーパーで食材を買ったことがないという人も多いと思います。

しかし、毎日の買い物時間を節約し、重たいものを運ぶ手間を省くためにも、一度ネットスーパーでの買い物にチャレンジしてみてはどうでしょうか。

ネットスーパーで買い物をしてみるとわかるのですが、店舗で買い物をするときは（お腹が空いているときに行くことが多いこともあり）ついつい余計な食材や惣菜を買ってしまうこともあったのですが、ネットスーパーは家にいながらカートに食材を入れていくので、**衝動買いで無駄なものを買わなくなりました**。天気の悪い日や体調の悪い日などでも買い物ができるのも便利です。

また、店舗だと一度カゴに入れてレジに並んでしまうと、「これ、やっぱりいらないかな」と思っても、元の棚に戻しに行くのがめんどうで、そのまま買ってしまうところですが、ネットであればワンクリックでカートから削除することができます。商品を出し入れするたびに合計金額が表示されるので、**予算どおりに買い物をすることも簡単**です。

確かに、送料はプラスでかかるので、計画的にまとめ買いすることで送料の節約に励みましょう。ただし、食材には消費期限もあるので、買いすぎには要注意です。

自動的に足りないものが家に届くシステム

食材以外にも、ネット通販で自動化できるものはあります。

洗剤や歯磨き粉、シャンプーやリンスなど、こまごまとした**日用品**も定期的に必要になるものです。こういった日用品もネット通販のお店やアプリを決めておけば、足りなくなったタイミングで自動的に家に届くように設定することができます。その他に**飲み物**などもネットで定期購入が便利です。


重たいかさばるものを玄関まで運んでくれるのも、うれしいところです。

ただし、日用品によっては定期購入できないものや、単価が低いために他の商品とまとめて「買い合わせ」しなくてはいけない商品もあります。

「今ガムテープがほしいんだけど、これ単体だと通販で買えないのか……」となることも多いので、そのためには**日頃から「今買う必要はないけど、いつか買おう」というような商品をいくつかネット通販のカートに入れておきます**。

そうすれば、いざというときにそれらのストックしていた商品と一緒に買うことができるので便利です。こうしたまとめ買いは、送料を節約するのにも有効なので、どんどん取り入れていきましょう。

さらに、ずっとカートに商品を入れておくと、時間が経つにつれて値段が変わる商品も出てきます。また、多くの通販サイトでは、セールも頻繁に行なっていますので、メールマガジンなどを登録しておくことで、セール情報もキャッチしておきます。価格のアラートも設定することができるので、積極的に活用しましょう。

こうした価格の変動をうまくとらえて、よりお得なタイミングを狙うのも家計の節約になります。

あなたが家の購買担当責任者として、適切な相手と適切なタイミングを選び、仕入れをコントロールしていくことで、通販のエコシステムを構築していきましょう。

ビジ家事理論——通販・デリバリー篇

「通販プロセス管理」理論

通販の受け取りは、
意外とストレスになっている

「通販の受け取り」は、意外なストレス

通販エコシステムを確立して、必要なものがどんどん自宅に届くようになると、次に起こるのが「通販の受け取りストレス」です。

忙しいビジネスパーソンであればあるほど、平日に荷物を受け取ることは難しく、いったん不在連絡票をもらってしまうと、再配達の日程調整も大変です。

もしパートナーが家にいる場合には、「受け取るだけだから、お願いね」とすべてをパートナー任せにしていると、相手のストレスが溜まっていきます。自分で頼んでいない荷物の受け取りは、思っている以上にストレスフルなものなのです。

通販で買うものがどんどん増えていく現代においては、この「通販受け取りストレス」をどう減らしていくかも大きな問題となっています。

ストレスを未然に防ぐ方法

今は、配達時間の指定や変更も、スマホで簡単にできるようになりました。注文するときには**「自分が受け取り可能な時間」を指定しておくのが基本**です。

しかし、ネット通販で注文する際にひと手間をかけず、この時間指定をしない人も意外に多いのです。ちょっとしたことなので、忘れずに指定しておきましょう。

もし、どうしても自分が受け取れない場合は、パートナーが受け取れる日時を指定して事前に伝えておきましょう。

このコミュニケーションがあるかないかで、商品を受け取ったときのストレスは、だいぶ違ってきます。

また最近では、玄関前や宅配ボックスに商品を置く**「置き配サービス」**などもあるので活用していきましょう。

商品を受け取ってからのハードル

通販の課題は、受け取りだけではありません。荷物を受け取って、開封して、商品を確かめて、ダンボールをゴミに出す。そこまでが通販です。

どうすれば、スムーズに通販のゴミ出しができるのでしょうか？

そもそも可燃ゴミ・不燃ゴミ・資源ゴミの分別は、めんどくさい家事のひとつです。特に、資源ゴミの分別とゴミ出しはなかなか大変で、ダンボールや紙ゴミをまとめてひもで縛る。この作業を寒い冬の朝にやっていると、イヤになってくるものです。

ここで大事なのは、「通販のゴミをまとめやすいように保管しておく」ことです。

「えっ、それだけ？」と思われるかもしれませんが、このステップがあるとないでは、ゴミを出すときに大きな違いが生まれます。

実は、資源ゴミをまとめる際に一番時間がかかるのは、この「ゴミをまとめる」という作業です。

ゴミをまとめる部分を効率化するために、**あらかじめまとめやすくダンボールや紙**

ゴミを保管しておくことで、いざまとめる際にパパッと作業することができます。

つまり、保管してあるダンボールや紙ゴミは、片付ける前にすでに「片付けられている」わけです。もちろん、他の可燃ゴミや不燃ゴミも同様に、あらかじめ片付ける手順を考えて、「下ごしらえ」しておきましょう。

フリマアプリでプロセスの「出口」をつくる

もうひとつ、通販のプロセスで大事にしたいのは、いかに「出口」をつくるかです。

「通販の出口」とは、いったい何のことでしょうか？

それは、フリマアプリなどで使わなくなってしまった物を「家の外に出す」というプロセスのことです。「何かを買ったら、何かを売る」ことで、家の中のものを循環させていくイメージです。

通販アプリを開いたあとには、フリマアプリを開いてみる。

こんなことで、フリマへの出品が意識されて、家の中に新しいものが溜まりすぎるのを防ぐ効果があります。通販で何かを買うタイミングでフリマアプリで何かを売りに出す。こんなこともプロセスに組み入れてみてください。

この「通販プロセス」をしっかりと管理することで、通販のエコシステムをストレスなく回していくことができます。

ビジ家事理論——通販・デリバリー篇

「デリバリー家事」理論

クリーニングもデリバリーしてしまおう

クリーニングは、地味に時間が奪われる

平日に仕事をしていると、クリーニング屋さんに行くのはけっこう難しいものがあります。

まず出勤前の早い時間は開いていないし、仕事が終わった時間にお店が開いていても、一度洗濯物を家に取りに帰らなければいけないのが大変です。かといって週末にわざわざクリーニング屋さんに出かけるのもめんどうです。さらに、仕上がったものを取りに行くにも、同じ手間がかかります。

こうやって地味に時間がとられる家事は、なんとかしたいものです。

では、すべて自分で洗濯・アイロンがけができるかというと、コートやスーツなど、どうしてもクリーニングに出さなくてはいけない衣類があるので、クリーニングはやっぱり必要です。

どうすれば、この地味なクリーニングストレスを低減できるのでしょうか？

クリーニングも、デリバリー活用

こんなときは、クリーニングの宅配サービスを活用しましょう。

今は多くの業者さんがクリーニングのデリバリーに対応していて、**料金も送料を入れても対面のクリーニング屋さんと遜色《そんしょく》ない**ことも多くなってきました。

なんといっても、洗濯物を家まで集荷に来てくれて、仕上がったら配達してくれるという、この「楽さ」は何物にも代えがたいものがあります。何より、地味に奪われていた時間を節約することができます。

料金やシステムもいろいろありますが、衣類ごとの料金が設定されていて、クリーニング1点から頼めるタイプと、点数指定で衣類の種類を問わないパック料金がありますので、自分の都合に合わせて選びましょう。

基本的な流れは、業者を選んでネットで申し込むと集荷キットが送られてくるので、ガイドにしたがって衣類を詰め込み、集荷の方に渡せばオッケー。あとは、クリーニングが終了して家に届くのを待つだけです。

例えば、思った以上に汚れがひどいとか、ボタンが取れかかっていたりなど、もしお願いした衣類に問題があったりしたときも、メールや電話で対応できますので心配いらずです。

「クリーニング＋保管サービス」で、さらに便利に

さらに、**クリーニングの保管サービス**もあるので、シーズンごとにクリーニングに出すのと合わせて保管してもらっておけば、家のスペースも確保できて一石二鳥です。布団などの大きなものも頼めたりするので、とても便利です。

実際、布団やオフシーズンの衣類などは、自宅の保管スペースの大部分を占めていたりするので、わが家ではもう布団の保管サービスなしでは生活できないようになってしまいました。

ただし、宅配サービスは、預けや受け取りなどのタイミングで在宅していなければ

いけません。こういった受け取りの手間が大変だと考える人もいると思いますし、近所にクリーニング屋さんがあって便利な場合などはそちらを優先して使って、布団や保管が必要な大物衣類だけデリバリー&保管サービスを使うなど、使い分けしてもいいでしょう。

地味にめんどうなタスクほど、アウトソーシング

こういった**アウトソーシングサービス活用**は、心理的抵抗も大きいと思うのですが、料金や利便性、手間などを考えて有効だと思えば、まず試してみることをおすすめします。一度使ってしまえば、もうそのサービスなしでは生活できないほど、愛用していけるかもしれません。

めんどくさいタスクほど、アウトソーシングの効果は高いものです。まずはクリーニングの宅配サービスを試してみませんか。

ビジ家事理論――ファミリー篇

「子ども家事」理論

子どもに家事をトライさせてみよう

子どもと一緒にビジ家事しよう

「ビジ家事」メソッドで家事が効率化され、自由な時間ができたら何をやりたいですか？

子どもとの時間を増やすのも、すばらしい時間の使い方ですね。

ここでおすすめしたいのが、子どもにも家事に参加してもらう「子ども家事」です。子どものころから身のまわりのことを自分でやれるようになれば、これからの生活にプラスになりますし、一緒に家事に取り組むことで家族の一体感も得られます。

また、子どもがお手伝いをすると、子どもの自己肯定感が上がるともいわれています。

子ども家事は、「掃除・片付け」から始めよう

子どもに初めてお願いするお手伝いには、**「掃除・片付け」**がおすすめです。

自分の身のまわりが片付くと、「自分の行動が役に立った」という気持ちが生まれて満足感が得られるからです。

ただし、大人用の掃除用具は子どもにとって大きすぎて扱いづらいので、子どもの手でも使いやすい大きさの掃除用具を準備してあげましょう。

取り出しやすい場所に用具を置いておいて、「お手伝いしてくれるかな？」「ここを一緒にキレイにしよう」と声をかけてみてください。無理にお手伝いさせるのではなく、親が楽しく家事をしている様子を見ていれば、自然と一緒に家事を始めることができます。

最初はうまくいかなかったり、時間がかかったりしますが、スケジュールと気持ちに余裕を持ってゆるく対応していきましょう。

もちろん、掃除・片付けが終わったあとはほめてあげることも忘れずに。

料理の手伝いで、「やりとげる力」を伸ばす

子どもの家事は「やりとげる力」にもつながります。

このやりとげる力を伸ばすのに最適なのは、**「料理の手伝い」**です。

最初は「野菜を切る」「フライパンで炒める」「お鍋の中をまぜる」などの作業の一部をお手伝いしてもらうことから始めて、ひとつの料理を最初から最後まで自分でできるようになれば理想的です。

料理も、大人用の用具ではなく、子ども用の包丁や調理器具を用意してあげましょう。刃先の丸い包丁ややわらかくて子どもでも扱いやすいまな板などもあって、色もカラフルで楽しいものです。

週末の朝食など、時間に余裕があるときに、子どもに料理を手伝ってもらうことを繰り返していくことで、いつしかそれが習慣化につながり、子ども自身にも家事に対する責任感が生まれてきます。

部下の育成は、マネージャーの責任

簡単な作業から始めて、いくつかの業務経験を経て次第に一人前になっていく――。これはまさに、ビジネスにおける部下育成のプロセスそのものです。

もちろん、子どもは大人とは違う時間軸や考え方で生活しているので、大人のようにあれこれすぐに反応はできません。

あらかじめこの時間にこれをお願いしていたとしても、ちょっとくらいうまくいかなかったり時間がかかっても大丈夫です。ゆっくりと背中を押しながら、家事に慣らしていくことを忘れないようにしましょう。

子どもの家事の成長は、マネージャーである親の責任です。自分でもいい家事の見本を示しながら、子どもをビジ家事の世界に連れていきましょう。

ビジ家事理論――ファミリー篇

「旅家事」理論

旅で家事スピリッツをリフレッシュしよう

ルーティン疲れを感じたら、旅に出よう

ビジ家事メソッドで家事をこなしていても、長期間モチベーションを保ち続けるのは簡単ではありません。

「家事をやっていても、最近どうも気分が乗らない」「家事の効率が落ちてきた」、そんなふうに感じている人はいませんか？

毎日同じルーティンの繰り返しで疲れてしまい、新しいことに取り組む前向きな気持ちになれない、そんなときもあります。

そんなときは、思い切って旅に出てみてください。**普段の環境から離れ、違う環境に身をおいて、家事に対して向き合ってみる**のです。

旅が「ビジ家事のPDCA」を進化させる

なぜ旅が家事にフレッシュな刺激となるのでしょうか？

それは、**家事のルーティンから離れることで、客観的に自分の家事のやり方を俯瞰《ふかん》してみることができる**からです。

家事のタスクをこなすことに集中していると、どうしても視界が狭くなり、効率の悪いやり方を続けてしまっていることにも気がつかないものです。

しかし、ビジ家事の本質は「終わりのないPDCAサイクル」です。

普段とは違う環境の中で、今の作業の問題点を見つけながら、つねに改善を繰り返していくことで効率を上げていきましょう。

私の場合は、宿泊先のホテルにあったカードに、「客室のタオルやシーツを毎日替えないことがエコにつながる」というメッセージを見て、確かにそうだなと感じ、それまで毎日洗濯していた洗面所のタオルを2日に1回洗うように変えたこともありました。

こういった細かいPDCAも、旅という非日常だからこそ気がつく効果があります。

旅で見つける新しい家事のアプローチ

旅に出る利点は、それだけではありません。

ビジネスの視察旅行のように、旅先で見ること聞くことを家事の参考にすることができます。

旅先での生活から、**自宅で使える家事のティップス**を学びましょう。

例えば、レストランの夕食の時間が18時か、19時半のどちらかといったように、時間指定されていることがあります。宿泊者はその時間に合わせて前後のスケジュールを調整するのですが、この**時間指定スタイル**を自分の家で取り入れたらどうなるでしょうか？

わが家でも、以前は食事の時間は決まっていなかったので、勉強する時間や寝る時間が日によって変わっていました。しかし、夕食の時間を固定することで、毎日同じようなスケジュールで過ごせるようになりました。

このような、ちょっとした視点の変化で、新しいアプローチの可能性に気づけるのも、旅のメリットのひとつです。

とりあえず旅の予定を入れてしまう

定期的に気分をリフレッシュさせるためには、まずは旅の予定を入れておきましょう。予定を入れておくだけで、モチベーションを保つ効果もあります。

どこかに出かけることで普段の家事から解放される、そんなイメージを持つだけでも、気分が変わってきませんか。

家事は、永遠に同じリズムで続くものではなく、どこかで変化があると思えば、長続きできるものです。

たまには父子で旅に出かけてみるのもおすすめです。

週末に父子でプチトリップして、パートナーにフリーな時間を過ごしてもらいましょう。子どもとじっくり向き合うことで、新しい一面を発見することもあるでしょう。

ビジ家事理論――継続篇

「家事アウトソーシング」理論

苦手なことは、
迷わずアウトソーシング

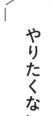

やりたくないことは、やらなくていい

「やりたくないことや苦手なことをやる以上に、無駄で非生産的なことはない。そのカテゴリーに当てはまるものは何であれ、できるだけ早く、他の人（理想を言えば、情熱と適性を兼ね備えた人）に委託しなくてはだめだ。そういう類いの仕事を続ければ続けるほど、自分のやることを心から愛せるような生活、充実感を得られる生活は遠ざかってしまう」（アンドリア・ウォルツ）

――『1440分の使い方――成功者たちの時間管理15の秘訣』（ケビン・クルーズ・著）より

掃除、洗濯、買い物、料理、片付けなど、家事にもいろいろなカテゴリーがあります。全部の家事が好きだというよりも、この家事は好きだけどこの家事はあまり好きじゃない、そんな人のほうが多いのではないでしょうか。

料理を作るのは好きだけど、片付けるのはちょっと気が進まないという人がいる一方で、料理はあまり得意ではないけれど、お皿洗いは得意という人（私はこちらです）もいます。

この苦手分野を頑張ろうとしても、なかなかうまくいきませんし、必ずどこかで無理が出てきます。

やりたくない家事は、「あなた」がやらなくてもいいのです。

無理に苦手分野を克服しようと頑張るより、苦手分野の家事はどんどんアウトソーシングしてしまいましょう。

家事の最適配分をマネジメント

買い物がめんどくさいという人はデリバリーサービスを使ったり、掃除の苦手な人は家電に任せたり、ヘルパーさんにお願いするのもいいでしょう。アウトソーシングを活用して苦手分野を他の人にお願いする一方で、自分は得意な分野に集中すればいいのです。

いろんな家事を「適材適所」で役割分担することによって、個人としての満足度を確保しながら、全体的な生産性を上げていきます。

これは、「業務の最適配分」と同じ考え方です。

自分の不得意分野は、他の人や会社にうまく任せて、自分の得意分野に集中することが、業務のパフォーマンスの最大化につながります。

得意な人や会社が得意な業務を担当する。考えてみれば自然なことですが、家の中のことはなかなかうまくリソース配分ができないものです。

しかし、ここはマネジメント視点で、冷静に**家事のリソース配分**を検討してみましょう。

お互い苦手な家事は、アウトソーシングへ

実際わが家では、買い物と料理は奥さんが中心となって担当し、皿洗いや洗濯などは私が中心となり担当しています。

これは、無理に役割分担を相談して決めたのではなくて、自分の好きなこと、得意なことをやっているうちに、自然と役割分担ができてきた感じです。

かといって、自分の役割以外はまったく手を出さないかというと、そうでもなくて、相手がいないときや大変そうなときは、自然とお互いにサポートすることができています。

これも、**基本的な役割分担があるからこそ、逆に余裕を持って相手の領域をサポートできているからでしょう。**

もちろん、自分もパートナーも両方が苦手な分野もあります。

例えば、細かいところを掃除したり、こまめに水まわりをキレイにするといったことはお互い苦手な領域です。こういった家事に関しては、定期的に外部の家事サポートサービスを使っています。

家事サポートサービスは、1時間単位などの短時間から比較的リーズナブルな金額でお願いできるなど、さまざまな形態の家事代行サービスも出てきているので、まずは自分で調べてみて、トライしてみるのもいいでしょう。

あなたは、家事のプロデューサーです

「自分でなかなか気が進まない家事はアウトソーシングして」「自分のやりたい家事だけをやればいい」と考えると、ちょっと気が楽になりませんか？

あなたは、家事のプレイヤーであるだけでなく、プロデューサーでもあるのです。

家事全体を俯瞰してみて、何の家事を誰がどのタイミングでやればいいのか、プロデュースしてみましょう。外部とのやりとりや調整などのコミュニケーションなども家事の一部です。

家事全体が義務ではなく、楽しい作業だと思えてくれれば、家事を愛し、充実感が得られる生活が実現します。

ビジ家事理論――継続篇

「プラスジョイ」理論

家事にちょっと楽しいアイテムや
寄り道をプラスしよう

あなたが家事を習慣化できない3つの理由

これまでビジ家事のティップスを紹介してきました。

どれも取り入れるのは難しくないのですが、習慣化して続けていくことはなかなか難しいのも事実です。

そもそも「習慣化」とは、歯磨きのように、自分の「意志の力」を使わずに無意識に繰り返し行動している状態のことです。つまり、やる気のあるなしにかかわらず、習慣化はできるものなのです。

それなのに、なぜ習慣化は難しいのでしょうか？

家事を習慣化できない理由は３つあります。

ひとつ目の理由は、**「すぐに成果を求めてしまう」**ことです。

「こんなに頑張っているんだから、もっと楽になっていいだろう」と思っていても、そんなにドラスティックに生活は変化していきません。

ふたつ目の理由は、「これまでの生活と大きく変えすぎる」ことです。

これまで全然やってこなかったのに、「毎日必ず3食料理を作る！」「毎日家中掃除機をかける！」といったように、ストイックで高すぎる目標を立ててしまうと、自分で自分をしばってしまいます。

そして、もうひとつの理由は、「何でも自分でやろうとしてしまう」ことです。

責任感が強い人ほど、自分で頑張りすぎる傾向があります。時には他の人の力を借りてもいいのです。

習慣化に向けて、プラスジョイを意識する

ビジ家事でおすすめしたいのは、毎日の家事にちょっとした喜び（ジョイ）をプラスしようという考え方です。

特に自分がイヤだなと思う家事に「プラスジョイ」していくのが効果的です。

例えば、**毎日の買い物がめんどうだなと感じていたら、自分の好みのアイテムを「ちょい足し買い」**します。

スーパーで買い物をするときに、ショッピングリストの中にある必要なアイテムを買うだけでなく、ショッピングリストとは全然関係のない、自分の好きなものも買ってみるのです。買い物を「やらなければいけないもの」ととらえるのではなく、「ちょっと楽しい探し物」というプラスジョイを加えることによって、買い物への抵抗感が減っていきます。

さらに、買い物の帰り道に居酒屋に寄り道して、ちょい飲みするのも楽しそうですね。ほろ酔い気分で帰ってくれば、買い物が楽しいご近所トリップに変わっていきます。

その他、お風呂掃除のめんどくささも、**「掃除が終わったら、ビールを飲もう！」**と自分へのごほうびをプラスジョイすることで、楽しいことへの第一歩となってきます。

食事の準備に飽きてきたら、たまに自分にご褒美としておいしい一品お取り寄せも楽しいものです。

家事の合間の「ごほうびタイム」を忘れずに

一日の家事スケジュールの間に「余裕」を持つことも忘れないようにしましょう。
びっちりと家事のスケジュールを詰め込むのではなく、家事の合間には自分へのごほうび・プラスジョイをスケジューリングしてみてください。

例えば、「この洗濯が終わったら、おいしいコーヒーを入れて飲もう」といったように、**自分が気持ちいいイベントをスケジュールの合間に入れていけば、気持ち良く家事をこなしていく流れをつくることができる**でしょう。

私の場合は、朝の食事の片付けが終わったら、紅茶と一緒にフルーツを食べることにしています。家事と仕事のちょっとした合間ですが、天気のいい日などは、「あー、今日も朝から皿洗い頑張ったな～」と、とても気持ちのいい時間が過ごせます。

こうした小さなごほうびの積み重ねが、あなたの生活をもっと楽しく広げてくれます。

ビジ家事理論――継続篇

「家事キャラ」理論

家事メンキャラに変身していこう

家事がうまくいかない理由は、あなたの「キャラ」？

もっと家事を効率的にこなして仕事もプライベートも充実させたい。そんなふうに考えていても、なかなかうまくいかない……。

それは、もしかすると、あなたの「キャラ」に問題があるのかもしれません。

「仕事をバリバリこなしている」

「お酒が大好きで、いつも飲んだくれている」

「休日はだらしなく寝てばかりだ」

そんなキャラクターを、あなたは演じていませんか？

「仕事を頑張っているから家事はやらなくていいんだ」

「今日も飲みにいくから、家事は後回しにしよう」

そんなふうに行動してしまうのは、実は自分が自分に設定したキャラにしばられているからなのかもしれません。

こうした自分のキャラを見直して、**「家事メンキャラ」**に自分を変えていってみませんか？

役割キャラと習慣キャラをうまく使い分けよう

そもそも「キャラ」とは、何なのでしょうか？

「キャラ」には大きく**「役割キャラ」**と**「習慣キャラ」**があります。

「役割キャラ」とは、いろんな状況や場面に応じて対応していくために形成されるキャラクターです。

会社でいえば、あなたは課長だから課長らしい振る舞いをする、パートナーの前では夫として行動する、自分の親の前では子どものような振る舞いをする、といったように自分が所属している集団やその肩書きに合わせて変わっていく性格のことです。

確かにこの「役割キャラ」を自分で変えるのは難しいかもしれません。

これに対して、「習慣キャラ」とは、あなたが置かれた環境の中で、習慣的に反復することで形成されたキャラクターを指し、自分の決意でいつでも変えていける、そんな性格のことです。

つまり、家事をする習慣を続ければ、あなたも「家事メンキャラ」に変わることができます。

家事ができないのは、実は思い込みだった？

「料理を作ったことがない」「家のことは苦手で……」と言うような人に限って、なかなか新しいことにチャレンジしようとしません。

これは、自分自身を「家事苦手キャラ」と思い込んでいるからです。

しかも、思い込んでいる期間が長ければ長いほど、どうやって自分を変えていけばいいのかわからなくなってきます。また、急にキャラを変えることによって、まわりがどんな反応をするのかも気になってしまいます。

確かに最初は大変ですが、少しずつでもいいので、料理や掃除に取り組んで、それを習慣化していけば、いつしかあなたのキャラも変わってきます。

「家事メンキャラ」で、まわりとの関係を変えていこう

一番大事なポイントは、**自分のキャラを変えようとしているタイミングで、「自分は家事メンキャラに変わったんだ!」とまわりにアピールしていく**ことです。

「今は家のことを優先しているんだよね」
「今日は家の用事があるんで、早く帰ります」
「最近はあんまり飲み会に行ってってない」

といったように、「家事メンキャラ」を作っていければ、まわりの人も「この人は

家庭を優先する人なんだ」とあなたを認識するようになってきます。

また、ちょっとした家事のティップスやおすすめのレシピなど、これまでになかったトピックを話せるようになり、まわりとの関係性も変化してきます。

家事メンキャラが定着してくると、**仕事やプライベートの付き合いもメリハリがつく**ようになり、無理せず家事に向き合う時間が取れるようになります。

おわりに

「仕事ファースト」から「家事ファースト」へ

以前の私は、「仕事ファースト」「付き合いファースト」の生活をしていました。

仕事をバリバリこなして残業で遅くなっても、そこから飲みに行き、片付けをする時間もなく、家の中は散らかりっぱなし、週末は昼過ぎまで寝ていて仕方なく家の中をちょっと片付け、イヤイヤ溜まった洗濯をする……。そんな毎日でした。

そんな「仕事ファースト」「付き合いファースト」の生活を送っていると、自然とまわりからもお誘いが多くなり、それに付き合っていると、また時間がなくなる。そうすると、片付いていない家に帰りたくなくなる。そんな悪循環が続いていました。

しかし、こんな状態は、精神的にも肉体的にも良くないと思い、結婚を機にガラッと生活を変えました。

「今日は家でご飯を食べるので、早く帰ります！」と宣言して、早く家に帰り、家でご飯を食べお皿を洗う。そんな小さなことから始めていきました。

そんな生活を続けていると、いつしか、まわりから「この人はすぐ家に帰る人なんだ」「家庭を大事にする人なんだ」と思われ始め、仕事や付き合いのお誘いも徐々に減り、気軽に家に帰れるようになってきたのです。

長い間自分で思い込んでいた自分の生活は、自分で自分をしばっていた思い込みだったんだなと感じられた瞬間でした。

これは、まわりに「家事ファースト」を宣言してしまえば、実は誰でも簡単にできることなのです。

行き過ぎた「家事ファースト」がストレスになることも

かといって、この「家事ファースト」が行き過ぎると、逆にそれがストレスとなることもあるので要注意です。

友人のF君の話なのですが、彼はもともと遊びが大好きで、結婚してからも家庭を顧みずに遊びと仕事に没頭するスタイルを貫いていました。

しかし、子どもが生まれたのをきっかけに、一気に家庭優先の「家事メンキャラ」に変身したのです。

それから彼は、掃除、洗濯だけでなく、食事の準備や子どもの世話まで完璧にこなそうと毎日頑張っていました。まわりもそんな彼の新しい生活を応援していたのですが、徐々に彼の元気がなくなってきたのです。

「どうしたの?」と彼に聞いてみると、「どんなに頑張ってもキリがない。家事を完璧にこなすのが普通になって、まわりからもそれを期待されてしまう」というのです。

彼は、行き過ぎた「家事ファースト」にしばられて、「自分は家事をちゃんとする人間だ。だからすべてを完璧にこなさなくてはいけない」と思い込んでいたのです。

「ゆる家事」を目指そう

このように、掃除・洗濯・買い物・料理・片付け・ゴミ出し・育児など、すべてを完璧にこなして、本当にハードに家事だけを生活の中心にするのはおすすめできません。

あなたにとってベストな「ワークライフ・家事バランス」を目指してください。すべての家事を完璧にやる必要はありません。家事をゆる〜くこなす「ゆる家事」を意識して、ちょっとした片付け、ちょっとした料理から始めてみましょう。

肩の力を抜いて、気軽な気持ちで家事に向き合えば、自然と笑顔が増えてきます。これこそが「ワークライフ・家事バランス」のとれた状態です。

たたまない、片付けない、そんな日があってもいい

本当に何もやる気が起きない、そんな日もあるものです。

そんな日は、家事のチートデイとしてしまいましょう。

チート（cheat）とは、「ズルをする」という意味で、チートデイとはダイエットでは「ズルをして何でも食べて良い日」とされています。

ダイエットも毎日続けることが大事なのですが、あまりにストイックにやりすぎるとイヤになって、ダイエットをやめてしまう人も出てきます。

これを防ぐために、「たまにはズルしていいんだよ」というルールを作ることによって、結果的に長くダイエットを続けることができるというやり方です。

このチートデイを家事にも応用していきましょう。

「毎日毎日洗濯物をキレイにたたんでも、すぐにグチャッとなってしまう」「もうイヤだ」、そんな日は、洗濯物をたたまなくてもいいんです。

「部屋が散らかっていて、片付けなければいけないけど、今日はやる気がまったく出ない……」、そんな日は、片付けなくてもいいんです。

人間ですから、そんな日も受け入れましょう。

家事にもチートデイがあってもいいんです。

家事は「ありがとう」のひと言でうまくいく

家事をうまく続けていくには、パートナーや家族へ「ありがとう」のひと言を忘れないようにしましょう。

自分が家事にコミットすることで、相手の苦労もよく理解できると思います。その気持ちをストレートに表現していきましょう。

ちょっとしたひと言で、家庭の平和が戻ってきます。

「ビジ家事」でマインドフルネスを実現しよう！

家事はあくまでも「手段」です。

自分と向き合い、自分の心の奥にあるものを感じてみてください。

普段の忙しい生活の中で見過ごしてきた、自分が本当にやりたいことを探してみると、

「もっと気持ちのいい生活がしたい」

「ストレスのない毎日を送りたい」

そんな心の声が聞こえるのではないでしょうか。

その理想の暮らしは「ビジ家事」で実現できます。家事を通じて、最高のマインドフルネスを見つけましょう。

2021年10月

堀　宏史

【著者プロフィール】
堀　宏史（ほり・ひろし）
広告クリエイター。
1993年慶應義塾大学卒。これまでに広告業界でリアルとデジタルを融合させた新しい広告を実現し、カンヌライオンズ、東京インタラクティブアドアワード、文化庁メディア芸術祭など受賞歴多数。カンヌライオンズ、アドフェスト等の国際広告賞で審査員を務めるとともに、adtech等の国際カンファレンスでスピーカーとしても活躍するなど、多くのグローバルエリートたちとのビジネス経験が豊富。そんな多忙な毎日を送る中、家事にもしっかりとコミットすることで、仕事と家庭を両立してきた。好きな家事は、皿洗いとゴミ出し。

家事こそ、
最強のビジネストレーニングである

2021年10月26日　　初版発行

著　者　堀　宏史
発行者　太田　宏
発行所　フォレスト出版株式会社
〒162-0824 東京都新宿区揚場町2-18　白宝ビル5F
電話　03-5229-5750（営業）
03-5229-5757（編集）
URL　http://www.forestpub.co.jp

印刷・製本　中央精版印刷株式会社

ISBN978-4-86680-146-9　Printed in Japan